美国政党政治透视

马　辉　周余云　周荣国　主　编

当代世界出版社

图书在版编目（CIP）数据

美国政党政治透视／马辉，周余云，周荣国主编 . —北京：当代世界出版社，2016.2
ISBN 978－7－5090－1086－0

Ⅰ.①美… Ⅱ.①马… ②周… ③周… Ⅲ.①政党—政治制度—研究—美国 Ⅳ.① D771.264

中国版本图书馆 CIP 数据核字（2016）第 026212 号

书　　名	美国政党政治透视
出版发行	当代世界出版社
地　　址	北京市复兴路 4 号（100860）
网　　址	http://www.worldpress.org.cn
编务电话	（010）83907332
发行电话	（010）83908409
	（010）83908455
	（010）83908377
	（010）83908423（邮购）
	（010）83908410（传真）
经　　销	新华书店
印　　刷	北京京华虎彩印刷有限公司
开　　本	787 毫米 ×1092 毫米　　1/16
印　　张	10
字　　数	120 千字
版　　次	2016 年 2 月第 1 版
印　　次	2016 年 2 月第 1 次
书　　号	ISBN 978－7－5090－1086－0
定　　价	28.00 元

如发现印装质量问题，请与承印厂联系调换。
版权所有，翻印必究；未经许可，不得转载！

《美国政党政治透视》顾问及主编名单

顾　　问：徐绿平
主　　编：马　辉　周余云　周荣国
执行主编：周荣国　张晓明

目　录

序　言 …………………………………………… 马　辉（ 1 ）
驴象之争的背后——如何看待美国政党体制 …… 张晓明（ 5 ）
美国两党是如何运作的 …………………………… 张　川（27）
美国两党是如何管党治党的 ……………………… 雷　欣（39）
美国政党政治中的政治极化现象剖析 …………… 姜　琳（47）
"茶党"和"占领华尔街"运动与美国政党政治
　　…………………………………………………… 吴　航（55）
美国政党与媒体关系初析 ………………………… 张祯隆（69）
美国两大政党力量对比及其走向 ………………… 姚亿博（81）
两党核心理念演变及其对美国内外政策的影响 … 王恋斯（93）

政党政治对美国外交的影响浅析 …………… 狄会深（107）
纸牌屋的秘密——透视美国政治腐败 ………… 邹国煜（119）
西方精英眼中的美国政治制度"五大弊端" …… 石晓虎（129）
对当今世界政党政治的几点看法 ……………… 周余云（137）
后　记 …………………………………………… 周荣国（151）

序　言

又到美国大选年。四年一次的美国大选总是轰轰烈烈、热热闹闹，全世界的目光都会聚焦在分别以驴、象为标识的美国民主、共和两党及其推出的候选人身上。

美国由民主、共和两党竞争总统职位的历史至今已有一百多年。若是更宽泛地说，从两大政党甚至派系竞争算起，美国的两党制更是可以回溯至18世纪末期的建国之初。这两百年在人类漫长的历史长河中似乎只是沧海一粟，却又是各国国内体制大幅调整、国际格局分化重组变化最剧烈、最集中的时期。在此期间，美国挺过了分裂危机而保持了国家统一，完成了工业化、现代化而崛起为经济第一强国，经历了一战、二战和冷战而最终成为独享全球霸权的唯一超级大国。能够在全球大变局中保持稳定并取得这样的成就，作为政治制度的核心内容之一的政党制度功不可没。

《美国政党政治透视》，就是希望对美国长期保持稳定、具有鲜明特点的政党制度进行全面、深入的研究和剖析。两党内部是如何运作的？两党是如何管党治党的？两党之间的力量对比如何演变？两党各自秉持哪种核心理念？

同时，政党政治与国家内政外交、社会思潮等方方面面都是相互交织、彼此影响的。因此，本书也试图通过政党政治，对美国相关的社会力量和现象进行透视。比如，政治极化是怎么回事？"茶党"和"占领华尔街"运动与政党有什么关系？政党与媒体关系如何？政党政治对外交有什么影响？政党政治是否与腐败有联系？

回答上述问题，并不是单纯的理论研究，我们最终的目的和落脚点，还是希望有助于大家就一些具有现实意义的问题寻找答案。我们到底该如何看待美国的政党体制？在国际金融危机之后，资本主义制度正在经历一场信心危机。作为危机发端之地的美国，其政党体制及与其紧密相连的政治制度是否会发生变化？而更加具体、现实的问题是，2016年美国总统大选，民主、共和两党谁又胜算更大？

截至本书付梓之时，大选选情尚不明朗。陷入混战的共和党中谁最有希望杀出重围？特立独行的地产大亨特朗普会延续他的神话吗？政治"局外人"卡森能走多远？还是佛罗里达州前州长杰布·布什或者拉美裔的政治新秀鲁比欧或者克鲁兹会后来居上？希拉里·克林顿在民主党中一枝独秀，最终能否接过奥巴马的接力棒，使民主党也成功连续执政三届？

本书的作者和编者无力预测美国大选的结果，仅希望通过对美国政党政治及其相关问题的研究，帮助读者更深入地了解美国政党、政治制度和社会现象，从而在观察美国总统大选，乃至美国政治、经济、文化和社会现象时，多一个政党政治的背景和视角。

当然，作者和编者水平有限，文章内容、观点的不当之处，请广大读者批评指正。

马 辉
2016年1月于北京

驴象之争的背后
——如何看待美国政党体制

驴象之争作为美国两党制的鲜明标志，每到美国大选年总是充斥全球媒体，为世人所熟知。但在喧嚣热闹背后，美国为什么会形成这种独特的政党体制？政党的作用有多大？民主、共和两党各自如何运作？相互关系如何？只有透过驴象之争的表象，才能对美国政党体制有更加客观、全面的认识。

一、美国为什么会形成独特的两党制？

美国当前民主（the Democratic Party）、共和（the Republican

Party）两大党交替执政的政党制度既不同于欧洲多党制，也与其"母国"英国的两党制不同，是美国独特国情的产物。

（一）美国社会利益二元化的必然产物

美国建国之初不存在政党，华盛顿（George Washington）在1796年的告别演说中曾严肃警告党派可能为民众团结、政府施政以及国家安全带来危险。但社会利益分化终究难以避免。事实上，华盛顿执政后期，其政府内部即已分化出"联邦党"和"反联邦党"两大派系。1792年大选中，美国形成了联邦党（the Federalist Party）、民主共和党（the Democratic-Republican Party）两大全国性政党。1800年大选中，民主共和党入主白宫并连续执政24年，联邦党逐步瓦解消散。此后，随着民主共和党内部分崩离析，形成了民主、共和两党，最终在1884年形成稳定的两党制。纵观美国历史进程，社会在地域、阶层、宗教、族裔方面的差别基本上均可纳入两大对峙阵营，比如东部与西部、南方与北方、工业与农业、城市与乡村、天主教与新教、白人与少数族裔等等。这两大阵营利益不同，导致美国社会的思潮也随之形成两派，对自由与平等、个人与社会、政府与市场以及理想与现实等关系的立场和主张有所不同，总体可归为自由主义与保守主义两派，由两大政党分别代表。

（二）基本结构源于分权制衡的政治制度

分权制衡是美国政治制度设计的主要出发点和最大特点，政党体制虽在制宪时未曾涉及，但其形成和发展却深受政治制度理念和框架的影响。一是利于两大党存在和发展。一方面"赢者通吃"（Winner – takes – all）①的选举制度有利于大党，第三党和小党虽可存在，却极难赢得选举。掌权的两大党又会通过维护和修订各项制度来巩固和加强自身的优势地位。另一方面，单一行政长官制使总统职位成为全国政治生活的焦点，政党要尽力赢得过半选民支持，全国的政治力量和选民因此趋于两极化②。二是给予两党充分空间。三权分立使行政长官与国会互不统属、选举分别举行，联邦制保证各州享有较大自主权、联邦选举与各州选举彼此独立。因此两党可以在各个层面展开竞争，一场选举的胜负不决定全局，失去总统职位还可以争取参议院、众议院，在联邦战绩不利也不影响在州内巩固实力。各种选举频率高、密度大，两党总需不停地迎接挑战，胜不可骄，败不必馁。三是促使党内权力趋向分散。横向、纵向均分权的政治体制，使两党内部也难以在任一维度统一权力。总统、国会议员、州长、州议员各自职权独立、向自己的选民负责，彼此均难以影响其他人的命运，党内自然也难以存在统一权威、形成集权

---

① 美国总统由各州议会选出的选举人团选举产生，而不是由选民直接选举产生。总统候选人获得全国总共538张选举人票的一半以上即可当选。除缅因州和内布拉斯加州外，其余48个州和哥伦比亚特区实行"赢者通吃"制度，即把本州的选举人票全部给予在该州获得相对多数选票的总统候选人。

② 李道揆：《美国政府和美国政治》（上），中国社会科学出版社，2007年，第127页。

体系。

(三) 美式文化价值观决定其主要特点

一是基本文化背景较为统一。美国早期人口主要源于英国和欧洲移民，均深受欧洲文化影响。这些远涉重洋来到新大陆的移民，往往具有相同的精神特质和人生追求，在美国同样白手起家，彼此之间阶级差异远远小于欧洲等历史悠久的国家。二是高度关注自由与民主。追求自由是移民的主要动力，作为移民后裔的美国人对自由民主和个人权利的热爱根深蒂固、近乎本能。美国人个人利益至上，在国家和政党层面均质疑权威；同时不信任政府，希望通过政党竞争实现权力制衡。三是宗教理念影响深远。不少早期移民都是为了躲避宗教迫害才来到美国，宗教理念至今仍深深塑造和影响着美国人的价值观和生活方式。虔诚的教徒在一些观念上十分执着，对待堕胎、同性婚姻等问题的态度因此成为两党的重要区别之一。四是实用主义色彩明显。美国人虽有为追求价值观理想热情、天真的一面，但普遍重视解决具体问题，实用主义突出。美国政党制度和运作过程中，两党以赢得选举为目标，解决具体问题为导向，维护党派利益为根本，为此经常争斗，有时也可妥协。

二、政党在美国的作用有多大？

大选年是两党最闪亮的时刻，却绝非其唯一舞台。事实上,两党是美国政治生活中的主角,其作用似弱实强,在美国社会无处不在、必不可少,直接或间接地发挥着重要作用。只是这些作用的实现主要依靠和体现于党内主要人物的力量,而非政党组织。

(一) 瓜分各级权力,决定国家政策

美国将国家权力赋予各级政府、议会和司法部门,政党本身并不直接掌握权力。但所有权力都是由人掌握并运用的,而这些掌权的人绝大多数都具有政党归属,或者至少具有政党倾向。因此,两党在事实上几乎垄断了美国各层级、各领域的人、财、事权力,决定着国家发展走向和政策方针。政府方面,除了开国总统华盛顿之外,美国历任总统都具有政党属性,州长也大多如此。总统和州长有权决定自己的幕僚、内阁以及行政机构负责人的人选,制定各领域预算和政策。两党几乎垄断了联邦和州的所有公职,各项政策也往往体现总统或州长本人及其所属政党的理念和利益。但在州以下的地方政府中,政党色彩相对淡薄,部分公职的竞选只强调个人主张,不谈党派属性。国会方面,99%以上的议员都具有政党认同,国会领袖也是由代表政党的议员选举出来的[①]。立法以及批准人事任命和预算等职权,均由两党议员掌握,受国会党团等政党组织左右,尤其多数党可以控制立法日

---

① 张立平:《美国政党与选举政治》,中国社会科学出版社,2002年,第49页。

程，在一定程度上决定投票结果，从而实现对人、财、事权的掌握及对政府决策的影响。司法方面，司法独立一直被看做美国政治体制重要的特点和优势之一，但由于最高法院法官的任命权属于具有政党属性的总统，并由两党把持的参议院确认，使得司法也会受到政党影响，很难保证完全独立。一项对最高法院大法官的调查显示，几乎所有大法官都与任命他们的总统持有一致的意识形态和政治立场①。在美国历史上第一次由联邦最高法院决定总统归属的2000年大选中，最高法院以5：4的结果裁决确定小布什（George W. Bush）当选总统。而这次投票明显是以党派划线的：前共和党总统任命的法官全站在小布什一边，而前民主党总统任命的法官则站在戈尔（Albert Arnold Gore Jr.）一边②。

（二）实现权力制衡，保持政策连续性

一方面，两党瓜分各级行政、立法职位和权力，相互监督和制约。即使在一定时期内出现一党独大、同时控制府会的局面，也通常难以持久。而且由于美国国家权力结构的分散，同一党派的总统和国会议员也不可能像议会制国家中那样团结一致③。另

---

① ［美］威廉·多姆霍夫：《谁统治美国：权力、政治和社会变迁》，吕鹏、闻翔译，译林出版社，2009年，第337页。
② 张立平：《美国政党与选举政治》，中国社会科学出版社，2002年，第372页。
③ Nigel Bowles & Robert K. McMahon: *Government & Politics of the United* (States Palgrave Macmillan, 2014), p84.

一方面，美国高度分散和制衡的权力机制要保持凝聚力并顺利运作，需要一个将各权力机构联系在一起的桥梁和纽带。两党就是在美国政府体系十分分散情况下的粘合剂①，是协调政府各部门（特别是总统和国会）、使政府政策保持稳定性和连续性的力量②。

（三）操控新闻舆论，储备高级人才

美国现代两党制确立至今已历一百余年，两党拥有较为扎实的民意基础。美国绝大多数选民认同或倾向于两党之一，纯粹的独立选民一般在10%左右。两党要争取更多选民支持，不仅要顺应民意，还要积极引导民意。媒体是政党必不可少的合作伙伴。一方面，很多美国媒体都具有明显政党倾向。美国媒体的政党性质从其诞生之日起就存在。美国独立后，从独立战争延续下来的以宣传自己、打击敌人为特点的报刊，发展为政党报纸并成为主流③。20世纪上半叶之前，报纸是政党宣传政策的工具，大多数报纸都曾自豪和公开地表示自己忠于某一党派④。时至今日，大

---

① Nigel Bowles & Robert K. McMahon：*Government & Politics of the United* (States Palgrave Macmillan, 2014), p50.
② 李道揆：《美国政府和美国政治》（上），中国社会科学出版社，2007年，第155页。
③ 王润泽：《大选报道与美国媒体的党派色彩》，人民网，http://www.people.com.cn/GB/14677/40628/3053991.html
④ 宋云伟：《大众传媒与美国政党政治》，《当代世界与社会主义》2000年第4期。

量报纸、广播、电视等大众媒体仍然如此。比如福克斯新闻频道（Fox News），从台前到幕后几乎全是保守派或共和党人士，看该频道的节目，只需48秒就能感受到其政治气氛，连福克斯的特约评论员也把该频道称为"共和党的官方电视台"①。另一方面，重要政党人士利用媒体进行宣传。总统、议员、州长等两党重要人物要通过媒体塑造形象、阐述政策、扩大知名度，媒体也需要通过报道和评论这些内容来吸引读者和观众。无论是否具有政党倾向，媒体与政党都是互有需求的合作伙伴。

智库与政党具有千丝万缕的联系。美国智库发达，对政府决策和公众舆论均具有重要影响。智库虽然强调自己的"非营利、独立性和无党派"色彩，而且为了保持非营利机构的免税资格，也不得公开支持或反对任何一个政党。但这种独立性只是相对的。受到创始人、资助者观念的影响，很多智库从创立之初就具有政党或意识形态倾向。传统基金会（the Heritage Foundation）就公开宣布其任务是为了在政治人物和民众中传播保守主义思想②。即使智库本身立场较为中立，其中的学者个人也往往具有政治倾向。此外，智库也是美国"旋转门"机制的重要一环。美国历届政府都大量邀请智库学者来填补高层职位。小布什政府大量政要来自传统基金会、

---

① 王润泽：《大选报道与美国媒体的党派色彩》，人民网，http://www.people.com.cn/GB/14677/40628/3053991.html
② 沈开举、涂艳敏：《美国智库发展现状与评价》，人民论坛网，http://www.rmlt.com.cn/2014/0325/249291

胡佛研究所（the Hoover Institute）等保守派智库。截至2013年，布鲁金斯学会（the Brookings Institution）先后进入奥巴马（Barack Obama）政府任职的就有30多人①，其中包括现任总统国家安全事务助理赖斯（Susan Rice）。同时也会有很多前任政府官员进入智库成为学者，这些学者与其任职时期政府的政治倾向一致，到该党派重夺白宫后又可能回归政府。

三、两党内部运作有何特点？

（一）"散"字当头

无论在组织结构上、选举过程中还是政府与国会内，"散"都是美国政党的突出特点。一是组织松散。美国政党没有一般意义上的普通党员，只有投票时表明倾向的选民②。选民只要在投票时表示支持某个党，就可被称作该党党员，退党也无需履行任何手续。美国政党也没有严密的党组织，各级组织更像是为筹备下一次竞选而搭建的平台。美国政治教科书中把政党说成是一种

---

① 周琪：《美国智库的组织结构及运作——以布鲁金斯学会为例》，《人民论坛》2013年第36期。
② 张立平：《美国政党与选举政治》，中国社会科学出版社，2002年，第56页。

"有组织的行动",而不是一种组织①。二是权力分散。两党虽然设有从基层选区到县市、州、全国各层级的委员会,但各级组织均只为本层级的选举服务,彼此之间没有上下级领导关系,在大多数情况下各自为政。全国性政党只是50个州的党的松散政治联盟②。国会的组织是按政党组建的,但两院各有其民主党和共和党的组织,且彼此独立,不从属于全国政党③。两党也缺少严格意义上的领袖。总统可以看作其所在政党的领袖,却无权管束本党议员。不掌握总统职位的政党则经常处于群龙无首的状态,落选的总统候选人、国会党团领袖、重要州长等人物都可能成为无冕之王。由于缺少统一领导,党内通常分为不同派系。共和党内极端保守派组成的"茶党"(the Tea Party)已成为影响该党立场的重要政治力量,主导了2013年共和党与民主党的激烈斗争并导致政府停摆。三是纪律涣散。两党没有成文的党规党纪,即使在对政党前途和团结至关重要的选举和国会投票中也缺乏纪律约束。选民登记支持哪个党与其实际投票给谁毫无关系,全凭个人意愿。议员在国会的投票首先考虑的是自己选区的利益,事实上就是其能否连任的个人利益,其次才是党派的整体立场。因

---

① 赵忆宁:《探访美国政党政治:美国两党精英访谈》,中国人民大学出版社,2014年,第2页。

② 周淑真:《政党和政党制度比较研究》,人民出版社,2001年,第52页。

③ 李道揆:《美国政府和美国政治》(上),中国社会科学出版社,2007年,第141页。

此，国会议案投票中本党有人反对、对方有人支持的情况十分常见，只有在极为重要、两党斗争特别激烈的部分议案投票中才会出现完全按党派划线投票的情况。国会党团领袖和党鞭（又称"督导"）主要依靠劝说、利益交换等手段来争取支持，惩罚违背党派立场的议员只能通过剥夺国会党团领导职务、在下次竞选中不给予资金支持等方式，作用有限。同时，政客"跳槽"的情况也时有发生。第44届佛罗里达州州长、共和党人克莱斯特（Charlie Christ）在2010年竞选联邦参议员时，由于在党内初选落后于对手而宣布退出共和党，以独立人士身份参选，失败后于2012年加入民主党并以不同党派身份再次竞选2014年佛州州长，最终以1%的差距落败。一度被看做有可能与希拉里·克林顿（Hillary Clinton）竞争民主党2016年总统候选人提名的联邦参议员沃伦（Elizabeth Warren），在1996年之前也曾是一名共和党人。

（二）选举为要

美国两党的第一要务甚至唯一目标，就是赢得选举，尤其是总统选举。两党主要人物的地位和前途取决于其是否能够或者有潜力赢得总统、议员、州长等重要职位的选举，其政治生涯的目标就是赢得选举，当选后做好本职工作的重要意义也在于赢得连任或是更高职位的选举。美国两党党组织最重要的使命是招募候选人、组织竞选活动、动员选民支持本党候选人以及为竞选筹款，除了致力于参加竞选和力争取胜以外，似乎别无其他什么重要作用①。两党支持者的作用也主要体现在是否在选举中投本党候选人的票，积极参与党组织的活动，以及为动员选民、筹款和竞选作出贡献。选举正是将政党领导人物、各级组织、积极分子和基层选民联系起来的主线，是美国政党保持"形散神不散"的关键。

（三）金钱至上

1895年一位身兼参议员的美国大富豪曾说过："政治中只有两样东西最重要，第一是金钱，第二样我记不起来了②。"要赢得选举，金钱必不可少。政党和候选人需要组建竞选班子，雇用选战专家、民意测验专家、形象设计师；在各种媒体上购买广告，宣传自己，打击对手；维持政党组织和竞选班子的日常运作，乃至组织筹款活动本身，都需要大量经费。选举活动所花费的资金节节攀升，"选举从不会比上次更便宜"，2012年美国总统大选总花费高达70亿美元③。面对频繁举行的各级选举，美国

---

① 李道揆：《美国政府和美国政治》（上），中国社会科学出版社，2007年，第140页。

② Helen Dewar, "*For Campaign Reform, a Historically Uphill Fight*", Washington Post, Oct. 7, 1997, at A5, http：//www.washingtonpost.com/wp-srv/politics/special/campfin/stories/cf100797a.htm, 转引自赵忆宁：《探访美国政党政治：美国两党精英访谈》，中国人民大学出版社，2014年，第4页。

③ 《美国2012年大选花费达70亿美元，创选举史之最》，《中国日报》网，http：//www.chinadaily.com.cn/hqgj/jryw/2013-02-02/content_8199214.html

两党的精力主要都集中在不断筹款上面。两党从全国委员会到州、地方各级委员会，绝大多数工作人员的主要职责就是通过打电话、发邮件、举办各种形式的活动来向个人、企业、利益集团筹款，因此有人把美国政党称为"筹款机器"。在党内初选阶段，政党组织不会支持任何个人，候选人个人筹款能力的重要性与日俱增。尽管并不是钱多的人必然当选，经费不足却往往难以成功。很多候选人提前退出竞选的原因之一，就是无法筹到足够资金。维持与重要"金主"的良好关系，是美国政党和政治家的必修课。

（四）民众路线

从党的角度而言，在现代两党制下，美国各种选举都由普通选民投票决定，争取民众支持是两党的重要任务。两党候选人及工作者通过打电话、发邮件、登门拜访和举行集会等方式，介绍自己、阐述政策、询问需求、征求意见，与选民建立和保持联系。一位州参议员说："在我选区的8万选民中，我大概能叫得出4000到5000人的名字。要进行一对一交流，与选民建立起私人关系①。"目前两党不少基层组织均建立了庞大的选民资料库，详细记录本地区选民的个人和家庭信息、政党倾向、关注议题、投票记录、捐款记录等信息，以便有针对性地进行宣传、劝说和

---

① 赵忆宁：《探访美国政党政治：美国两党精英访谈》，中国人民大学出版社，2014年，第268页。

募捐工作。为最大程度争取选民支持，两党都保持了较强的开放包容性。一方面向所有人开放，对登记为本党选民不加任何资格限制。另一方面对各种观点和主张有较强包容性，其政策主张和政纲通常包括各类社会群体、利益集团的需求，虽"不可能满足任何一方的一切要求，但必须满足任何一方的一些要求[①]。"而当第三党提出某种新主张时，两党往往会逐渐将其接纳和吸收，从而保持自己对民众的吸引力。从党员角度而言，除职业政客外，一般民众入党虽无限制，却也基本没有实际利益，因此美国两党骨干成员、党的基层工作者绝大多数都是由于信仰相同的理念，志愿加入、无偿服务，忠诚度也相对较高。

四、两党之间的关系如何？

（一）一体两面，理念政策大同小异

两党长期主导美国政治生活，共同支撑起美国政党制度，如同一个硬币的两面，本质相同，表象有别。一方面，两党同为资产阶级政党，在价值观和意识形态上不存在根本分歧。两党均高度认同美式政治制度和价值观，致力于维护美国利益。两党不以阶级划线，其选民构成都包括不同社会阶层，只是比例不同。内

[①] 张立平：《美国政党与选举政治》，中国社会科学出版社，2002年，第9页。

战前两党之间还存在某些重大区别,例如对待奴隶制,内战后则没有什么原则区别了①。美国前副总统华莱士(Henry A. Wallace)曾说,两党之间的区别不值一钱。有人则认为两党"好比两只瓶子,大小形状与色彩皆同",只是贴上了不同标记②。另一方面,两党在具体理念和政策主张方面存在不少差异。整体而言,民主党奉行自由主义(liberalism),更加重视发挥政府的作用,强调社会公正和保护少数群体权益;共和党奉行保守主义(conservatism),希望减少政府干预,强调自由市场、效率与秩序。

(二)利益有别,势力范围各成体系

两党的政策差异主要源于其各自代表了美国不同群体的利益,但不同时期两党的选民基础和政治版图也经过复杂的分化融合。美国建国之初,"联邦党"和"反联邦党"作为政党雏形的两派,分别代表了东北部商业集团和南部种植园主、内地小农的利益。19世纪上半期,民主党在与辉格党(the Whig Party)对峙中占据优势,形成包括西部自由土壤分子、南方权利分子、天主教教徒、外来移民和普通下层人士的联盟。19世纪50年代,

---

① 李道揆:《美国政府和美国政治》(上),中国社会科学出版社,2007年,第121页。

② 周淑真:《政党和政党制度比较研究》,人民出版社,2001年,第67页。

随着南方种植园经济与北方现代工业经济矛盾激化，民主党发生分裂。北方民主党人与辉格党及其他主张废奴的派别组成共和党，共和党人林肯（Abraham Lincoln）当选总统并领导北方赢得南北战争，之后共和党长期掌握总统职位，成为中上阶层城市居民、富裕农民、专业人士、大公司经理和金融资本家的联盟，在东部和中西部实力占优。20世纪30年代，为应对"大萧条"，民主党人小罗斯福（Franklin D. Roosevelt）当选总统，并在全国组成了北方大都市黑人、天主教教徒、犹太裔人士、南方白人、乡村农民的广泛"新政联盟"（the New Deal Coalition）[①]。但随着20世纪60年代民权运动兴起及此后两党理念主张的变迁，"新政联盟"瓦解，两党政治版图大幅重组甚至互换。当前，民主党的支持者主要来自各种少数族裔、天主教和犹太教徒、知识分子、底层民众，力量集中于东北部、大湖区和西部沿海；共和党则受到新教徒、白人男性以及中上阶层的支持，南方和中西部是其主要票仓。近年来选民的流动性和不确定性有所上升，但双方之和基本能够覆盖绝大多数人群。

（三）全面竞争，适度合作分享权力

两党在美国政治生活中看似势不两立，却也能够携手合作，在竞争与合作中和平共处，分享权力。一是全面竞争。两党在

[①] 张立平：《美国政党与选举政治》，中国社会科学出版社，2002年，第24—25页。

从行政到立法、从联邦到地方、从政策到民意的各个层级和领域均彼此对立，激烈争夺主导权。二是交替掌权。由于各级选举独立进行，两党通常各自掌握一部分权力，难以划分为执政党和在野党。但两党的目标都是独自掌权，在任何层面都不存在两党组成联合政府的可能。两党实力此消彼长，交替掌权，存在一定周期性。三是跨党合作。由于两党内都存在不同派别，政客立场主要取决于个人利益而非党派利益，因此在政府和议会中均时常出现一党的某一派别与另一党结成联盟的情况。而在基层，由于选民的政党归属并不固定，跨党投票也屡见不鲜。

（四）互学互鉴，重大政策一致对外

在运作方式上，两党经常互相借鉴。在候选人提名、代表名额分配等党内组织运作规则，以及筹款、拉票、宣传等竞选策略等方面，如果一党采用了行之有效的新方式，另一党往往会迅速跟进，两党能够总体保持齐头并进的态势。在具体政策立场上，两党都秉持实用主义，有时为争取更多选民支持，会刻意模糊彼此界限。一旦民意就某一议题达成共识，两党的立场即随之调整，一党可能会接受另一党的主张。二战结束之初，共和党还曾试图逆转"新政"。到20世纪50年代，共和党领袖已经承认，

"新政"建立的制度将成为美国社会的永久性特征①。克林顿（William Jefferson "Bill" Clinton）称自己为"新民主党人"，小布什宣传"有同情心的保守主义"，都是在一定程度上吸纳了对方党派的观点。而在大政方针上，尤其是涉及美式价值观、美国总体发展方向、国家利益和霸权地位等方面，两党往往能够团结一致，共同对外。

五、如何客观看待美国两党制？

美国自认为其两党制先进、优越，不遗余力地在全世界宣传推广，使之拥有众多"粉丝"。事实上，美国两党制由于符合美国国情，具有一定合理性，且发展得较为成熟，确实为美国长期保持政治社会稳定和国家强盛发挥了重要作用。但其仍存在根深蒂固的弊端，绝非完美。

（一）兼顾稳定与变革需求

一方面，美国两党制历经两百年发展，逐步成熟稳定。每当美国面临深刻矛盾、重大危机时，两党的选民基础、运作规则、理念主张等经常发生一些变化。但两党均维护美式价值观和政治制度，不寻求根本性变革。自内战后，美国从没有政党致力于推

---

① ［美］保罗·克鲁格曼：《美国怎么了——一个自由主义者的良知》，刘波译，中信出版社，2008年，第44页。

翻或系统性批评美国政治和经济制度①。双方区别是政策之争，只会调整而不会破坏现有政治格局或利益集团的根本利益。另一方面，两党相互竞争、交替掌权，为美国政治、经济、社会变革调整提供了一定动力。两党迫于选举压力不断改进提高、顺应民意，也使民众的不满有了发泄渠道，有利于缓解和转移社会矛盾。第三党和小党的存在，既不足以动摇两党制，又可以更加敏锐地发现新问题、提出新主张，为防止两大党陷入僵化、保持体制活力提供了一个刺激因素。

（二）代表民意半真半假

一方面，两党及其候选人的前途命运决定于选民手中的选票，为争取支持就必须倾听民意、回应民声。因此美国两党制确实能够在一定程度上代表民意。另一方面，从制度本身及其历史和运作过程来看，美国两党制的民意代表作用也具有一定虚伪和局限性。一是选举民主本身就是"多数人的暴政"，少数选民的利益和呼声可能被忽略。二是选民资格经历了逐步扩大的漫长过程。美国建国初期仅少数精英有资格参政，19世纪20年代开始逐步取消对选举资格的财产限制，一个世纪后妇女获得选举权，20世纪60年代民权运动后黑人才拥有选举权。当前投票选民仍存在阶层差异。与中低收入者相比，收入较高

---

① Nigel Bowles & Robert K. Mc Mahon, *Government & Politics of the United States* (Palgrave Macmillan, 2014), p53.

者关注政治的概率更高，投票概率更高①。大量长期居住在美国却没有公民身份的低收入者则被排斥在选举之外。三是投票率低。两党制事实上打击了投票热情，因为那些少数派即使获得了49%的选票也不起作用②。美国总统大选的投票率经常不足60%，国会选举投票率更低③，在全世界仅排第120名④。四是获胜者代表性有限。在美国独特的选举制度下，获得多数选民支持的候选人未必能赢得多数选举人票，有时总统人选甚至仅取决于某几个县的选票，很难说可以代表多数民意。五是钱多声音大。金钱对美国政治影响力巨大，常常可以左右选举和立法结果。政党和政治家自然会对"金主"的利益更加关注并尽力回报。与一个政党联系最为紧密的利益集团的政策需求，政党在一定程度上必须满足⑤。有钱人的利益可以得到更好保护，普通民意则难以有效反映。美国经济学家斯蒂格利茨（Joseph Eugene Stiglitz）称此现象为"一美元一票"，而非

---

① ［美］保罗·克鲁格曼：《美国怎么了——一个自由主义者的良知》，刘波译，中信出版社，2008年，第52页。

② ［美］威廉·多姆霍夫：《谁统治美国：权力、政治和社会变迁》，吕鹏、闻翔译，译林出版社，2009年，第293页。

③ 张立平：《美国政党与选举政治》，中国社会科学出版社，2002年，第463—465页附录4。

④ Rafael López Pintorand Maria Gratschew, *Voter Turnout Since 1945:A Global Report* (International Institute for Democracy and Electoral Assistance (International IDEA) 2002), pp. 78 – 79.

⑤ ［美］纳尔逊·波尔斯比、艾伦·威尔达夫斯基：《总统选举——美国政治的战略与构架》，管梅译，北京大学出版社，2007年，第58页。

"一人一票"。

（三）制衡机制利弊参半

两党激烈竞争、交替掌权的机制符合制衡精神，有利于制约和监督权力，对于防止集权、腐败和脱离群众发挥了一定积极作用，但制度性问题也相伴而生。一方面，过度制衡牺牲效率。两党政见不同，国会内部、府会之间经常陷入恶斗；决策系统中民主过了头，大量政治行为体可以用各种手段阻挠公共政策调整。权力制衡制度已经变成了一种"否决政治"①，施政效率受到严重拖累。另一方面，制度性腐败难以根除。19世纪后半期，保护主义、政党分肥等贪污腐败问题一度充斥美国政坛，此后随着公务员改革运动和相关立法的完善而逐渐销声匿迹。当前，一般性腐败在美国并不算严重问题，但权钱交易却以一种合法并且更加顽固的姿态渗入美国政坛，而且更难根除②。利益集团通过捐款并等待回报这种完全合法的方式影响国会成员。2013年华盛顿的注册游说人员为12359人，相关支出达32.4亿美元③。

---

① ［美］弗朗西斯·福山：《美国政治制度的衰败》，安桂芹编译，《当代世界与社会主义》，2014年第5期。
② 同上。
③ Center for Responsive Politics，http://www.opensecrets.org/lobby

（四）极化政治难以缓解

21世纪以来，美国政治极化程度重新接近一百年前的峰值①。从衡量政治极化程度的"少数派重叠"指标来看（重叠人数越多，两党共识度越高），1957年至1958年的第85届国会达到112人，2003年至2004年的第108届国会则降为零②。两党围绕预算、医保法案、移民改革等热点问题的斗争愈演愈烈，不仅相关改革难有进展，甚至一度导致联邦政府停摆。近年来，虽然美国国内呼吁改革两党制和选举制度的声音上升，但整体而言，第三党始终难以对两大党构成有效威胁，且美国人对本国制度的认可度和自豪感较高，不太可能进行根本性改革。未来一段时间，驴象对峙、主导美国政治生活的两党制格局不会轻易动摇。极化现象也将持续困扰美国政党政治，为美国国家治理和制度吸引力蒙上阴影。

（张晓明）

---

① Jeffrey M. Stonecash, *New Directions in American Political Parties* (Routledge, 2010), p8.
② http://www.library.unt.edu/govinfo/usfed/years.html，转引自［美］保罗·克鲁格曼：《美国怎么了——一个自由主义者的良知》，刘波译，中信出版社，2008年，第56页。

美国两党是如何运作的

美国民主、共和两党的内部运作主要包括组织、选举、政府和议会三个环节，美国人通常称之为政党组织、选民中的政党以及执政中的政党。在组织环节，两党主要依靠本党在全国、州和地方基层的专职党务人员与积极分子管理党务；在选举环节，两党则通过各种手段极力争取选民支持本党候选人；在政府和议会环节，两党人士广泛参与政府组成，利用议会党团组织推进各自的施政议程。当前，两党形成了一套与美国政治生态相适应的内部运作机制，具有鲜明的美国特色。

一、组织视角下美国政党的内部运作

（一）分散式的组织布局

组织设置方面，纵向上，美国两党在全国层面设有4年召开一次的全国代表大会（the National Convention），它是党名义上的最高权力机构，负责提名总统和副总统候选人，并通过党的纲领（Party Platform）。在两次全国代表大会之间，设有全国委员会（National Committee）负责党的日常运作。在地方层面设有州、县（市）、基层选区委员会（State/County/Congressional District Committee）等组织。横向上，两党在各级立法部门还设有党团会议（Congressional Party Conference）、政策委员会（Policy Committee）、竞选委员会（Campaign Committee）等党团组织。在全国委员会之外设有州长协会（National Governors Association）等机构。上述政党组织间并无上下级的隶属关系，采用不同层级间各自为政的"多层蛋糕"模式，均在本辖区内独立运作，自行其是。

权力架构方面，两党赢得初选的总统候选人在理论上被视作党的领袖，但在实践中仅当选总统具备领袖权威，可以提名全国委员会主席。一旦在总统大选中失利，候选人也就失去了继续担任党内领袖的资格及资源。由于党在立法机构中的组织也有自身领导,总统作为党领袖的权威相对有限,无权直接指挥本党议员及州长等地方领导人,只能靠手中掌握的政治资源与本党其他领导人进行利益交换以换取支持。

(二) 主要依靠积极分子的日常运作

两党全国委员会各有数百名工作人员,负责全国层面的党务运作。但在地方和基层,除去少量专职的党务官员,两党内部运作主要依靠有着坚定信念认同的党内积极分子及有着政治抱负的社会精英。民主党堪萨斯州主席瓦格农(Joan Wagnon)称:"在全美50个州及海外领地,多数民主党委员会的主席都是不领工资的"①。而不领工资并不代表不努力工作。共和党华盛顿特区委员会主席罗恩(Ron Phillips)就表示:"虽然党主席的职务是义务的,但我每周有90%的时间都在忙党内的事情"②。除靠理念认同吸引积极分子外,两党还提供任命公职、相关政策倾斜、参加党内高层政治或社交活动等实际利益作为激励措施。

(三) 以法代纪的日常管理

两党对党员的日常管理极为宽松,入党不需要履行严格的申请及批准手续,平时不缴党费,党员可以跨党投票,退党也完全

---

① 赵忆宁:《探访美国政党政治》,中国人民大学出版社,2014年,第167页。
② 同上,第207页。

自由。即使是党的骨干和官员，变换党籍也很自然。共和党前总统里根（Ronald Reagan）年轻时就曾是民主党人。前国务卿、2016年大选民主党热门竞选人希拉里·克林顿年轻时则是共和党人。2012年中期选举，在共和党势力占优的堪萨斯州托皮卡（Topeka）地区，甚至有800名民主党人为了帮助本地区温和的共和党人胜选而临时加入共和党①。

党规党纪对普通党员的个人行为基本没有限制，主要靠法律进行规范。但对那些可能参与公职竞选或成为党领导的党内精英，两党往往会对其品行、收入、家庭等背景情况进行审查。对国会及州议会的议员，两党也会对其立法行为进行一定的约束，但总体缺乏强有力的制约举措。

二、选举视角下美国政党的内部运作

（一）挑选候选人、辅助竞选

全美大约有50万个政府职位由选举产生，其中有总统、副总统、州长、联邦议员这样的高层，也有数量众多的基层和较低

---

① 赵忆宁：《探访美国政党政治》，中国人民大学出版社，2014年，第215页。

层级职位①。较低层级职位的竞争绝大多数为两党把持，两党各级组织在竞选中发挥着重要作用。在选前，两党都会广泛考察有潜力的候选人，遴选支持对象。随后，两党通过党内初选或党团会议等形式正式选出候选人，最后召开党员代表大会进行确认。在总统等高层职位的角逐中，通常都存在政党竞选组织和候选人个人竞选团队两套人马，政党组织多起辅助作用。在较低层级职位的竞选时，由于职位本身的吸引力不大，候选人个人团队能量有限，政党竞选组织往往发挥主导作用。

（二）筹集资金、视情分配

为获得选举胜利，两党均将筹款作为工作的重中之重。共和党全国委员会前主席埃德·吉莱斯皮（Ed Gillespie）称："委员会主席80%的工作时间都花费在筹款上。"以前，两党的各级机构主要采取向选民寄信、打电话及举办现场活动等方式向公民个人或组织直接获取捐款。近年来，随着互联网、社交媒体使用的增加，两党筹款方式不断推陈出新，互联网小额筹款在两党总筹款额中的比重显著增加。根据联邦选举委员会统计，在2006年众议院两党筹款中，该比重已从2002年的28%上升到了47%②。2008年大选，奥巴马更是通过互联网小额筹款等方式获得高达

---

① 楚树龙、荣予：《美国政府和政治》，清华大学出版社，2012年，第776页。

② 同上，第862页。

7.5亿美元的竞选捐款。此外，两党为最大限度规避法律对竞选资金的种种限制，往往通过倾向本党的政治行动委员会（Political Action Committee，简称PAC）筹款来支持本党候选人。但由于政治行动委员会多有大财团和利益集团背景，财大气粗，其对候选人的影响力甚至超过两党组织，形成"反客为主"之势，也引起两党全国委员会等机构的担忧。

在款项使用方面，两党全国委员会等较高层级的组织会向下级组织提供一定支持，其力度根据各地区在竞选中发挥作用的大小而有很大不同。例如在总统大选年或是中期选举年，两党对在选战中起到关键作用的"摇摆州"从不吝啬，其获得的资金可能是其他州的数倍。

（三）动员基层、组织投票

美国的选举主要是"政府搭台、政党唱戏"。各级政府负责制定选举相关法规，处理设置投票点、检查选民投票资格等具体事务。选举中大量的动员、组织、宣传工作则由政党及其支持者完成。尽管当前选战主体已变成候选人自行组建的竞选团队，但两党组织仍发挥重要作用。两党全国委员会及各级基层组织可以动员大量工作人员和积极分子，通过发放竞选传单、打电话、亲自上门拜访等方式发动选民支持本党的候选人。

近年来，两党还积极探索利用网络、社交媒体和大数据等信息化手段争取选民。两党均建立了汇总选民投票记录和政治倾向等大量信息的在线数据库，以便各级党组织对选民投票行为进行预测与分析，采取针对性的动员手段。同时，两党也未放弃面对面的接触等传统动员做法。2004年，民主党全国委员会提出了有针对性的"五十州战略"（50 State Strategy），在共和党力量占优的地区借助邻里间直接交流的方式推广民主党理念，扩大本党影响，取得良好效果。

三、政府和议会视角下美国政党的内部运作

（一）组建执政团队，制定公共政策

两党积极参与政府组成，其候选人一旦当选，就拥有政治官员的人事任命权，从而确保本党人士占据重要职位。历史上两党组织一度把持政府官员组成大权，随着候选人个人作用日益突出，总统等当选政治家在决定官员人选时主要考虑专业背景和私人关系等因素。但党组织仍有相当影响，总统仍会经常与国会领导层、党主席和主要骨干磋商人事事宜。同时，在三权分立体制下，政党还为行政机构同立法机构保持协调提供了纽带。总统和行政部门官员经常会就内外政策等重要施政议题同本党议员进行商讨以求得支持，确保本党施政议程得以推进。

（二）利用议会党团，推进立法进程

将符合本党理念的政策转换为法律是两党影响国家发展方

向的重要手段。两党在立法机构中的作用十分明显，90%以上的议员具有两党背景，主要通过党团组织推进立法议程。两党在国会和州议会设有领袖、副领袖、党鞭、副党鞭等领导职务及竞选委员会、政策委员会等较为严密的党团组织，定期召开党团会议，负责协调本党议员之间的关系，督促议员按照政党意志投票。支持议员竞选连任、提供竞选经费是两党领导层对本党议员投票进行激励的主要手段。这虽不具强制性，但对资历较浅的议员仍有相当威慑力，多数情况下能够保障本党议员立场总体一致。

（三）操纵利用媒体，引导舆论导向

媒体同政党的共生关系在美国由来已久。近几十年，随着媒体科技，特别是电视媒体技术的发展，两党的某些政治功能受到了媒体带来的极大冲击。表面上，媒体对两党保持着独立性，时常对政府或是政党进行批评和揭露。但实质上，这只是美国国内不同党派间政治斗争的一种表现。由于美国奉行的新闻独立与自由体制是同美国资产阶级政党体制及其全球霸权相适应的，所以美国媒体更多充当的是两党及政府引导舆论、造势的工具。美国前总统里根的第一任白宫通讯主任格根（David Gergen）就曾说过，"对于总统领导的政府来说，我们要尽我们的所能控制人们

所看到的东西。我们要塑造它,而不是让电视塑造它"①。目前,美两党通过事后检查制度、战时新闻检查制度、反恐立法、向媒体有针对性地"喂料"造假、设计政治采访、用有党派倾向的资本控制媒体股份等隐蔽手段成功的让主流媒体在大方向上自觉同本党保持一致②。

(四)借助智库专家,研究制定政策

自上世纪七、八十年代以来,诸如传统基金会、卡托研究所(Cato Institute)等具有意识形态和政治倾向,带有保守派、自由派、自由至上主义、民主党、共和党等标记的智库日渐增多。部分昔日标榜独立性、非党派性的智库正日益成为两党的支援机构,为两党提供政策研究方面的服务。例如:在前总统克林顿竞选期间,美国进步政策研究所(the Progressive Policy Institute)就为其设计了竞选大纲,该所多名成员被吸纳进竞选班子。竞选成功后,美国进步中心(Center for American Progress)总裁约翰·波德斯塔(John Podesta)被委任为克林顿政府办公厅主任,其他很多倾向民主党的智库学者也进入克林顿政府任重要职务。当选后,克林顿仍对上述智库的建议十分重视,采纳了其提出的

---

① 唐晓等:《当代西方国家政治制度》,世界知识出版社,1996年,第264页。转引自何军:《美国政党与媒体的关系》,《中共天津市委党校学报》2005年第2期,第67页。

② 何军:《美国政府与媒体的关系》,《中共天津市委党校学报》2005年第2期,第68页。

多项政策建议①。值得一提的是，2016年总统大选，波德斯塔又一次披挂上阵，充当前国务卿克林顿的竞选团队主席。另一方面，对两党而言，智库也成为积蓄本党力量、图谋执政机会的平台。由于美国政治任命的特色，政府高级职位随政党轮替具有典型的"一朝天子一朝臣"特色，总统变动牵涉的职位变动达3000人之多②。这些官员在离开政府后，有相当一部分会进入到具有本党色彩的各大智库，调养生息、伺机再动，等待本党再次执政。

四、美国政党内部运作的主要特色

（一）运作架构分散化

组织松散、权力分散是美国两党区别于其他国家政党的主要特征。在美国，两党的全国性组织只是不同地区党组织的松散联盟，而不是有机统一的整体。甚至在有些情况下，地区党组织在名称上都同党的全国性组织不同。如在明尼苏达州，民主党的州级组织自称为"明尼苏达民主农民劳动党"（Minnesota Democratic

---

① 王莉丽：《美国智库的"旋转门"机制》，《国际问题研究》2010年第2期，第14页。
② 任晓：《第五种权力——美国思想库的成长、功能及运作机制》，《现代国际关系》2000年第7期，第20页。

Farmer Labor Party），而非"民主党"。同时，美国两党的高层组织与下级组织并无明确的指挥结构，党的全国性组织只能通过拨款及人员支持等手段对地方组织施加影响，但不能强制命令。

（二）运作内容单一化

竞选是美国两党运作内容的绝对核心。除筹集资金、动员选民等与竞选有关的内容外，两党在其他方面鲜有作为。目前，两党的组织结构、工作程序、活动方式都主要围绕竞选形成，运作重心和绩效评判标准也以竞选为中心，资源也都根据竞选需要进行配置。一旦竞选结束，两党组织或陷入沉寂，或转而开始积蓄力量投入到下次竞选拼杀。

（三）运作主体寡头化

美国政治文化素有重视个人主义的传统，近年来随着候选人直接联系选民技术手段的增多，政党作为政治人物同选民中介的作用不断弱化，两党组织运作日益事务化。民主党全国委员会前主席迪安（Howard Dean）就认为："美国政党不是政治家要适应的体系，而是政治家手中的工具"。两党丧失了提名候选人的实际权力，转而成为确认候选人资格的"橡皮图章"。两党全国委员会领导人也成了总统候选人"竞选经理"式的执行人物。由于党组织对在政府中占据高层职位的党员缺乏制约手段，候选人及当选高官等政客成为党内寡头，其个人行为主导了党组织运作，严重削弱了党组织本身的权力和影响。

(四) 运作模式市场化

由于党组织内部权力分散，党内不同层级和机构为达成一致，不得不依靠市场化的利益交换进行运作。在处理同选民关系时，两党无力也无意维持较大规模的固定党员群体，而倾向在竞选期间短暂获得最大数量选民的临时支持。因而不愿花费时间和精力去制定党纲、发展党员和加强党建，而是专注于通过形象包装及公关运作等市场化手段赢得选举。竞选成功后，两党组织也发挥不了协调整合党内各派利益的作用，党内高层必须通过允诺支持竞选连任或相关提案等手段同其他成员进行利益交换以换取支持。

(张川)

美国两党是如何管党治党的

美国民主、共和两党组织结构较为松散,党内缺少系统成文的党规,党章内容主要是规范全国委员会运作及操办全国代表大会等事务性工作,党纪约束力薄弱。同时,两党为实现扩大本党影响、巩固执政地位、提高执政能力等目的,在维护政党纪律、规范党员行为等方面也根据美国国情党情制定了一些党规党纪,形成了一些较为独特的管党治党做法。

一、美国两党管党治党的主要做法

(一) 对普通党员,主要采取"开门办党"的方式,党纪约束极为宽松

美国两党在发展过程中形成了开放型的管党治党模式。一方面,两党号称"全民党"、"开放党",有意模糊党员和选民的身份区别,只要在选民登记表上登记支持某个党即可被视为该党成员。按此标准,民主、共和两党党员分别高达7200万和5500万。两党对这些普通党员最大的"纪律要求"就是希望其在选举时支持本党。为此,两党都注意收集、汇总支持本党的选民信息,并在竞选期间通过电话、邮件、上门访谈等方式积极动员其投票支持本党候选人。两党基层和地方组织还通过党团会议、通讯会等方式吸引普通党员多参与组织活动,增强其对本党理念和政策的认同。

另一方面,美国两党对普通党员采取放任自由的态度,被称为"无固定党员基础、无严格组织纪律约束"的政党。一是在党籍认定上随意性强。不要求普通党员履行严格的入党、退党程序,任其来去自由,"转换门庭"屡见不鲜。如前国务卿希拉里·克林顿年轻时曾是共和党积极分子,担任过大学共和党学生组织主席。二是淡化普通党员的权责义务。普通党员不需要交纳党费,不学习党章党规,几乎不承担正规的责任和义务,也就很

少享有党内赋予的各项权利。三是党纪惩戒功能薄弱。两党对普通党员基本采取放任态度，即便不支持党的政策主张，或在选举中未给本党候选人投票，两党也不对其进行纪律惩戒。

（二）对党的各级组织，主要奉行分层治理的原则，党规党纪起到居间协调的作用

美国两党各级组织结构体现出鲜明的"有民主、无集中"特点。既没有一个权威性的中央领导机构，也不实行下级服从上级的组织原则。地方、州和全国性党组织之间缺乏直接隶属关系，相互独立性很强，党领导层和全国委员会无权对党的其他全国性组织和各州、地方组织发号施令。同时，两党各级组织为实现赢得选举的共同目标，也需要相互协调合作，党规党纪在其间发挥了"黏合剂"和协调规则的作用。

一是确保各级党组织有章可依，有规可循。两党全国委员会都制定了党章或党规，一些州委员会也有自己的党章。民主党党章规定，各州党组织需确保地方组织遵守党章，全国委员会负责审核。对违反党章党规的组织，两党全国委员会多采取劝说和引导的方式促其改正。二是维护组织有序运作。两党较有约束力的党纪条款主要用于理顺组织机构内部运作。如民主党全国委员会设有资格审查委员会，专门受理和裁决全国委员资格的纠纷。对委员严重违纪行为，全国委员会可通过投票解除其职务。两党党章党规还包含确保财务公开透明、监管经费合理合法使用等内容。三是对可能影响本党竞选的违规行为从严惩处。民主党规定全国委员如在全国代表大会闭幕30天后仍不支持本党总统和副总统候选人,即可被解职。共和党党章规定,全国委员会有权对违反全国代表大会代表选举程序和时间表的州委员会进行处罚。① 近年来,一些州为扩大影响而竞相提前本州党内初选时间,为防止打乱竞选节奏,两党都出台决议,威胁对违规州采取削减代表人数、甚至取消提名资格等严厉处罚措施,迫使相关州的党组织遵守规定。

(三) 立法机构是两党领导层贯彻党纪的重要领域,主要通过奖惩结合和劝说方式进行管控

美国两党在国会和州议会均有相对严密的党团组织,设有党领袖、党鞭、委员会主席等领导职务,决定政治和立法议程,督促本党议员按党团要求进行立法投票。狭义上的美国两党"党纪"指的就是议会党团领导层对本党议员投票等政治行为的管控力。近年来美国立法机构内部决策权更趋分散化,两党党团控制力大幅下降,议员最重视的是争取选民支持、连选连任,与党团之间更像合作关系,党纪约束作用有限,"以政领党"、各行其是的特点突出。同时,两党极力以各种方式贯彻

---

① The Rules of the Republican Party, as adopted by the 2012 Republican National Covention, http://cdn.gop.com/docs./rules-of-the-republican-party.pdf

党团意志，维护本党投票一致性。虽不能做到令行禁止、整齐划一，总体上也能维持党内政治团结。例如，2010年奥巴马在国会强行通过医改法案，两党议员投票严格以党派划线，共和党议员无一支持。

两党管控和督促本党议员的主要手段：一是以利诱人。两党在国会的选举委员会及全国委员会等组织机构控制大量竞选资金，党团领导层对立法程序和人事安排具有重要影响，很大程度上可以决定谁在竞选中获得更多资助、谁的选区得到更多财政拨款、谁能进入重要委员会任职、谁提出的议案能够进入表决程序。对关键时刻为本党发挥重要作用的议员，党团领导层还会给予额外奖励。二是以理劝人。一位民主党参议院领袖曾表示，党领袖的最大权力是"说服力"。党鞭、委员会主席等领导层平时注意党内沟通，广结人缘，掌握议员理念、性情等情况。动员投票时根据其特点和关切进行针对性劝说，从政策立场、价值观乃至个人情感入手说服其支持本党决定。党鞭还会专门组织立场坚定、影响力强的本党议员成立"突击队"，集中开展劝服工作。必要时总统、副总统也会亲自出面做重点议员工作。三是以罚压人。对不服从党团要求的议员，两党领导层可以剥夺其在重要委员会任职机会，对其提出的议案"下绊子"，甚至不允许其参加党团会议。但这类处罚措施易招致反弹而较少使用，一般仅作为最后威慑。

（四）对担任重要公职的党员，主要依靠国家法律法规等作为反腐倡廉的基本方式，党内监督力度较弱

美国两党肩负着组织政府的重任，赢得大选后需更换约2000个联邦政府职务，多数具有党派背景。国会议员、州长、市长等各级领导职务中90%以上也都出自两党。同时，与欧洲国家许多政党内部设有执行委员会、监督委员会等专门机构对违纪党员进行党纪处分的做法不同，美国两党党内缺少专门的纪律检查机关，也不承担对党员腐败违法行为进行主动监察的职责，而是主要依靠各项反腐法规、司法机构及媒体、社会监督等党外途径对两党重要公职人员进行监管。目前，美国已形成了一整套较为严密的防腐、反腐机制，客观上起到了替代党内纪检监察体系反腐倡廉的作用。

两党领导层对本党重要公职人员的廉洁自律和道德操守也会进行一些日常监管，但力度极为有限，主要精力放在督促其贯彻执行党的政策决定等政治纪律方面。小布什执政时期，共和党国会议员曾爆出多起丑闻，其中不乏该党国会领导层事先知情却隐瞒推诿的情况。两党为维护本党形象，往往对违纪违规事件淡化处理，一旦难以隐瞒或事态扩大，才采取劝说相关人员辞职等方式进行"止损"。

二、美国两党管党治党的主要特点

一是重高层轻基层。美国两党党规党纪的上层指向性十分明显,主要用于约束国会议员等骨干,规范上层党组织内部运作,较少涉及普通党员和支持者,也没有全党上下一体严格遵守的统一规章制度。普通党员和基层组织缺乏监督本党上层的渠道和意愿。这与美国政治制度设计和政治文化密切相关。美国以精英主义立国,政治权力集中于少数党政精英手中。两党党规党纪的主要作用是协调统治阶层内部利益关系,普通党员和基层党组织几乎是一盘散沙。同时,美国民众强调个人主义,社会思潮和利益诉求多元易变,加之统治阶层有意引导,许多人都不愿接受严明完备的组织纪律约束,也导致两党党规党纪在基层功能薄弱。

二是重视借用法律手段管理政党事务。两党注意将党规与国家和地方法律相结合,往往出现以国法、州法代行党纪的情况。如在候选人提名方面,不少州通过立法对本州两党党内初选的形式和规则做出规定,部分州甚至允许非党员也参与投票。一些联邦法律还专门规范了两党竞选资金使用等政党运作事务。民主党党章规定,全国代表大会代表的选举应遵照州法,如党章或全国代表大会决定与州法冲突,党的州组织必须采取积极步骤与州法保持一致。同时,党章也要求党组织积极推动修改相关法律条款，使其与党章一致。这在一定程度上弥补了两党党内法规制度体系不健全、约束力有限的弱点，但同时进一步削弱了两党自身权力和组织独立性，更有利于各类利益集团对两党渗透和施加影响。

三是实用性突出。两党党规党纪归根结底要为本党利益服务。受美国选举政治和两党争斗激烈等因素影响，党的领导层主要根据短期政治利益进行管治，必要时不惜牺牲党规党纪的原则性和严肃性。如两党国会党团多采取闭门会议的方式研究如何处理本党违纪议员，事后也不主动公开相关决定，仅留下一些内部备忘录。对一些政要违反党纪的情况，两党往往采取灵活实用态度进行处理。如民主党联邦参议员利伯曼（Joe Lieberman）在党内初选中落败，却未按党规退出国会选举，坚持参选并连任。民主党未对其进行处罚，反而同意其继续参加党团活动，以维护本党影响力。

（雷欣）

美国政党政治中的政治极化现象剖析

政治极化是当前美国政党政治中的突出现象。美国民主、共和两党政策理念分歧加剧，争斗愈演愈烈，相互妥协空间缩小，导致政府决策效率降低，公信力受损，甚至引发对美式民主的质疑。深入剖析这一现象有助于客观认识美国政党政治制度。

一、政治极化在美国政坛由来已久，于今尤烈，甚至被一些学者称为"近代史之最"，已蔓延至美国政治运作和社会生活的许多方面。

（一）两党针锋相对

当前民主党更加自由，共和党愈发保守。根据以两党议员记名投票来衡量其立场偏向的提名分法，美国国会众议院共和党人的平均值从1972年的0.2上升为2012年的0.7，民主党则从-0.3变至-0.4，凸显两党政策理念分歧之严重，导致在立法过程中党同伐异，比以往更难达成妥协。① 民主党总统奥巴马极力倡导的医改法案在国会投票时，参众两院的共和党竟无一人同意，实属罕见。两党议员还滥用各种非常规手段给投票设置程序性阻碍。如共和党新晋联邦参议员克鲁兹（Ted Cruz）通过长达21个小时的冗长演讲对民主党提出的医改方案设阻，借此在党内名声鹊起。两党斗争激烈还造成政治精英情绪上的极端变化，甚至撕下政治礼节的面纱，人身攻击等激烈攻讦屡见不鲜。如奥巴马在国会演讲时，共和党议员当面直斥其"撒谎"。

---

① 徐其森：《当代美国政治极化新发展研究》，中共江苏省委党校2014年硕士论文。

（二）选民分裂严重

美国选民构成长期呈现中间派占多数、分别支持民主党和共和党的极端派占少数的纺锤形结构，有助于促成两党妥协，维护社会稳定。但近年来美国社会分裂加剧，中间派选民减少，两党极端选民人数大幅上升。美国盖洛普公司民调数据显示，自由派占选民比例由17%上升至21%，保守派由36%升至40%，而中间派则由43%降至35%。选民在医保改革、移民改革等重大议题上的分歧更加明显，形成两大对立投票集团，在地理上也呈现出支持共和党的"红州"和支持民主党的"蓝州"泾渭分明的景象。跨党投票持续减少，甚至出现持相同价值观的选民竞相比邻而居、对立选民不相往来，推动各自支持的政党政策立场更趋极端。政治极化还诱发各种极端事件。亚利桑那州民主党女议员因坚决支持奥巴马的医改、移民等政策，在竞选集会上遭到极右翼分子枪击，当地警长说，"愤怒、仇恨、偏执在美国逐渐失控"。

（三）思潮剧烈波动

近年来，"茶党"和"占领华尔街"（Occupy Wall Street）这两场社会运动相继出现，分别代表了美国社会中保守主义和自由主义两大社会思潮。左右翼社会思潮影响"你方唱罢我登场"，变化频率加快，震荡幅度更大，对美国政党政治产生深远影响。

两党政治精英应时而动，推动政治极化现象深入发展。近日，共和党联邦参议员克鲁兹作为"茶党"代表人物宣布参加2016年美国总统选举，成为两党正式宣布参选的第一人。民主党参议员沃伦曾被视为"占领华尔街"运动的理论导师，也一度成为党内热门潜在总统参选人。

二、美国政治极化现象日益加深不仅有根深蒂固的历史原因，还与美国经济社会、选举政治、人口变化等因素密切相关。

（一）社会分化加剧

传统上，美国中高收入人群的政治倾向偏共和党，中低收入人群更倾向民主党。随着近年来美国贫富差距有增无减，社会两极分化更加严重，不满情绪弥漫，不同收入人群的利益分歧也随之加大，利益协调更加困难。中下层对1%的富人占据40%的国民财富深感愤懑，强烈要求对以华尔街金融资本为代表的富人加强管制；中产阶级不满收入停滞、税负上涨，要求政府提升政绩；高收入群体则反对政府"劫富济贫"。两党治理理念和治国方略大相径庭，为争取更多选民支持，其政策差异也越来越大，导致政治极化不断深化。

（二）政党政治制度异化

政党体制上，美国两党组织结构较为松散，普通党员对党内组织活动参与程度不高，导致平时更为活跃的极端派对党内初选的影响力被放大。候选人为赢得初选，往往不得不迁就党内各种极端主张，甚至出现极端派候选人独大的现象。加之两党组织体系整合力有限，很大程度上放纵极端派"劫持"本党政策取向，导致两党对抗加剧。选举制度安排上，美国法律规定每隔十年重新划分国会选区，两党惯于利用在各州议会的多数地位进行政治操作，形成一党独大的"安全选区"。两党在"安全选区"的候选人地位巩固，不需要争取中间派选民支持，也缺乏动力同其他党妥协，政策倾向易走极端，使得两党关系日趋紧张。

（三）媒体推波助澜

美国媒体号称"第四权力"，在美国政党政治中独具影响。近年来媒体左右分野日益严重，观点对立和党同伐异较两党有过之而无不及。媒体通过对各自偏好的观点进行渲染，进一步强化受众各自政治立场。特别是脸书（Facebook）、推特（Twitter）等社交网站和新媒体崛起，积极通过各种大数据手段挖掘受众个人偏好，集中提供同质服务，使民众沉溺于只获取与自身价值取向和政治立场相近的信息，不愿"兼听则明"，无意同持不同意见者进行交流协调，进一步巩固和深化了政治极化。

三、政治极化已成为美国政治生活中的顽疾和毒瘤，凸显其政党政治弊端，今后还可能长期存在。

（一）降低了政府有效运转能力

三权分立和权力制衡机制是美国政治制度架构的核心。在两党政策差异和理念矛盾不甚尖锐的时候，双方往往能够做到互相包容和妥协，推动该机制发挥应有作用。但在政治极化背景下，这套分立制衡机制频频运转不良，甚至成为两党斗争的工具。占优势的党固执己见，不顾反对意见强推其政策议程。占劣势的党也不甘示弱，大肆利用各种制度设计和程序性手段阻扰执政党施政，造成政府运转成本增加，效率降低，议而不决、决而不行甚至导致联邦政府"关门"。政治极化还蔓延到司法领域。行政司法化使得最高法院法官更多处理政策性问题，其判决往往可以决定某一领域的大政方针。9名最高法官内部也出现左右翼针锋相对的情况。美国著名学者福山（Francis Fukuyama）认为，两党争斗不休使美国政治机制变成了"否决体制"，这反过来又进一步加剧了政治极化，导致制度瘫痪。

（二）制约了国家长远发展

美国两党均将上台执政而非国家发展作为最高目标。受政治极化气氛影响，两党零和博弈的一面更加突出，急功近利的心态上升，都将干扰对手施政而非促进民众福祉作为首要考虑，为追求连任只顾眼前政治利益，不愿也没有能力为国家长远发展负责。在政党政治陷入僵局或国家发展道路面临抉择时，往往需要政党领导人做出政治决断。但政治极化使得两党政治家更多地受到各种极端主张和民粹主义情绪影响，普遍欠缺总揽全局的政治责任感，或受到各方面阻碍，心有余而力不足。奥巴马上台以来，针对国际金融危机暴露出的美国经济社会弊病制定了一系列改革举措，但在极化环境中举步维艰，成效有限。美国国内有识之士也一直呼吁减少极化干扰，清除政党政治异化，迄今仍收效甚微。

（三）使得特殊利益集团坐大

利益集团众多是美国政党政治的显著特点，在一定程度上能够扩大民众诉求的表达渠道，起到缓解官民矛盾的作用。但在政治极化尖锐的时期，两党互不妥协，各行其是，导致政出多门，给特殊利益集团提供大量可乘之机，得以插手和干预公共政策。这些利益集团充分利用法规安排漏洞，将"有钱能使鬼推磨"发挥到极致。两党极端派背后都不乏利益集团等金主支持，借以放大其政策主张影响，导致决策过程缺乏公平公正，局部利益扭曲整体利益。

(四) 政治极化已引起美国国内反思，但短期内难以消除

美国各界普遍认识到政治极化背后孕育着更深层次的危机，对美国政治制度构成严峻挑战，迫切需要从制度和操作层面加以限制。近年来加利福尼亚州等地通过法案对两党初选制度进行改革，强制要求扩大候选人政治立场的多元性，以更好地反映不同选民群体的政治意愿。民主党议员在国会发起"礼仪静思"活动，旨在营造和谐氛围，化解两党争斗戾气和对立情绪。[1] 但总体看，这些措施治标不治本，收效甚微。两党政治精英出于维护既得利益考虑，不愿对滋生政治极化的现有体制做出大的改变，相关利益集团和选民群体也继续推波助澜。今后相当长时期内，政治极化恐将一直与美国政党政治演变相伴相生，继续对美国内政外交产生复杂影响。

（姜琳）

---

[1] Scott A. Frisch and Sean Q Kelly eds, *Politics to the Extreme* (NewYork: Palgrave Macmillan, 2013), pp. 187–201

"茶党"和"占领华尔街"运动与美国政党政治

2008年国际金融危机爆发以来,美国政治极化现象加剧,民主、共和两党围绕一系列重要政策展开激烈的争斗和博弈。与此同时,一个值得关注的现象是,美国民意分化和对立加剧,草根社会运动异常活跃,几年内先后爆发了"茶党"和"占领华尔街"两场社会运动。剖析这两场社会运动的特点、起因及其对美国政党政治的影响,对于研判美国政治生态未来走向具有重要意义。

一、"茶党"和"占领华尔街"运动的兴起

（一）"茶党"运动异军突起

2009年，奥巴马就任美国总统不久，以部分共和党极端势力为核心的"茶党"草根运动在美国兴起。"茶党"一词源于1773年的"波士顿倾茶事件"，当时北美殖民地民众为反抗英国殖民当局对当地茶叶的高税收政策，将东印度公司的免税茶叶倾入波士顿港口。"茶党"由此成为反对增税的代名词。此次爆发的"茶党"运动最初由部分人士对奥巴马政府2009年经济刺激计划的抗议发展而来，此后参与者不断增加，声势日益壮大，其支持者在全美一度达800万，主要由保守的白人中产阶级组成。运动提出的政治主张包括：政治上呼吁尊重美国宪法权威，维护各州的权利；经济上要求削减财政支出，给富人减税，反对政府过度干预经济活动；社会生活领域，反对政教分离，主张维护公民持枪权，倡导传统价值观主导下的公民自由。①

2010年2月，600余名来自全美各地的"茶党"积极分子在田纳西州召开"茶党"第一次全国代表大会，成立了名为"保证自由团体"的政治行动委员会，并推出多名候选人参加当年的

---

① 刘永涛：《茶党运动与重铸美国极端保守主义》，《教学与研究》，2013年第9期。

国会中期选举,标志着"茶党"运动正式登上美国政治舞台。当年中选期间,"茶党"筹集大量竞选资金,多人成功当选国会议员。但两年后的2012年大选,"茶党"候选人势头有所下降,在参议院仅获得4个席位。目前,"茶党"在全国的地方分支数量由全盛时期的1100个下降到600个左右。

(二)"占领华尔街"运动随即爆发

就在"茶党"运动兴起后不久,2011年下半年,以纽约为中心,名为"占领华尔街"的和平示威运动突然爆发并不断升温扩大,一度蔓延至全美800多个城市。活动的参与者主要来自青年草根阶层,主体为30岁上下,失业或身负贷款,年薪在5万美元以下的民众。示威者提出"以99%的名义反对1%"的口号,强烈抗议华尔街金融资本的贪婪,主要诉求包括加强金融监管,改革现有税制,提高对公司和富人的税收,增加社会保障支出等,矛头直指华尔街垄断资本和美国两党政客。"占领华尔街"运动在2011年10月至11月间掀起了全国性高潮,此后因天气转冷,参与人数下降,加之各地警察实施清场,运动转入低谷并逐步偃旗息鼓。

奥巴马上任以来,短短几年时间,美国民意走向剧烈波动,草根运动此起彼伏,令美国社会各界深感无所适从,也反映了当前美国国内政治生态和社会思潮变化的一些特点。

二、"茶党"和"占领华尔街"运动的产生根源

"茶党"与"占领华尔街"运动参与群体不同,利益诉求相左,但二者本质上都属于草根社会运动,希望通过民粹主义的宣泄,向主流政治施压,以实现自身的政治诉求。两场运动短期内相继崛起,具有相同的经济、政治和历史根源,是当前美国社会分化和政治极化进一步加剧的外在表现。

(一)两场运动相继崛起凸显国际金融危机背景下美国资本主义经济的深刻困境,尤其反映了美国贫富差距的不断扩大和社会分化的日益加剧

2011年10月,美国总统奥巴马在接受媒体采访时称,"占领华尔街"和"茶党"运动有相似之处,都是民众在表达对美国经济现状的不满。只要所有人都得到应有的待遇,所有人都做出应有的贡献,示威者们的不满和挫折感就会化解。① 国际金融危机爆发前,美国长期实行新自由主义发展模式,放松金融管制,削减税收,推进经济自由化进程,带来贫富差距的迅速扩大,社会财富向大公司和大资本家加速集中。根据2011年9月美国人口调查局(USCB)公布的数字,2010年美国贫困线以下人口占

---

① 新华网:《奥巴马说"占领华尔街"与"茶叶党"有相似之处》,http://news.xinhuanet.com/2011-10-19/c-122173163.html

全国比例为15.1%，是1983年以来的最高点，绝对数量为4620万，为52年来的最高值，且已连续4年保持增长。① 贫富差距的不断扩大导致低收入群体购买力下降，社会有效需求不足，是导致2007年金融危机爆发的重要根源，也是"占领华尔街"运动兴起的重要原因。

随着经济全球化的不断深入，美国国内企业近年将大量低端制造业岗位外包至拥有劳动力成本比较优势的发展中国家，导致国内制造业岗位不断外流，产业空心化问题严重。据统计，2012年美国制造业岗位总数1180万个，同1979年的峰值比较下降了40%左右。② 在金融危机冲击下，美国结构性失业问题更趋突出，失业率长期居高不下，2009年1月至2012年6月一直在9%上下波动。③ 失业率的不断攀升，特别是大量青年人没有工作，引发了民众对经济政策的不满和社会抗争的加剧。

奥巴马上台之初，以凯恩斯主义（Keynesianism）为指导，高举"变革"大旗，对美国经济发展模式进行调整，加大政府对

---

① Sabrina Tavernise, "Poverty Rate Soars to Highest Level since1993", *New York Times*, 2011 - 09 - 14. P. A1

② 金旼旼：《美国贫富差距为何越来越大》，《中国证券报》，2012 - 03 - 24

③ *Employment Situation Summary*, U. S. Department of Labor, 2012 - 01 - 06 http：//www. bls. gov/newsrelease/empsit. nr0. htm "*Foote It News Analysis - Technology Employment Trends in the June 2012 Bureau of Labor Statistics United States Employment*," *Report*, http：//www. footepartners. com/fp_ pdf/FooteAnalysis_ DOLJUN2012LaborReport_ 07092012. pdf.

经济活动干预，增加在基础设施建设和社会保障领域支出，力求通过创新增长模式，调整收入分配，培育新兴增长点，重振美国经济实力和全球竞争力，但面临诸多困难，特别是增加了政府财政负担，造成债台高筑、难以为继的局面，其"大政府"理念引发富裕阶层和保守派民众的强烈不满，进而导致"茶党"运动的出现。

（二）两场运动的兴起反映了不同社会群体对美国两党恶斗和极化政治的不满

奥巴马上台以来，民主、共和两党围绕金融监管、税收、医改等诸多棘手政策问题展开空前激烈的博弈和争斗，政治极化愈演愈烈，决策效率日益低下。奥巴马政府和民主党力主通过加强政府对经济干预，推动经济复苏和增长，强调维护中产阶级和弱势群体利益。共和党则继续倡导以里根主义（Reagan Doctrine）为代表的新自由主义路线，要求放松管制，强调市场调节，严格预算管理，反对"劫富济贫"式的社会财富再分配。两党恶斗导致政治极化日益加剧，决策效率持续低下。"茶党"和"占领华尔街"运动代表不同社会群体，从各自利益诉求出发，均对两党政策主张强烈不满。"茶党"参与者反对奥巴马政府的经济政策，认为共和党主流对民主党妥协太多，未能捍卫保守主义传统价值观。"占领华尔街"运动更是强烈抨击美国政治体制的虚伪性和权钱交易弊端，提出"还权于人民"、"要民主而不是钱权政体"

等口号。①

（三）两场运动继承了战后美国左、右翼社会运动的传统，同时具有新的时代特点

美国社会具有多元性特征，二战结束以来，多次爆发大规模草根社会运动，对美国国内政治和社会思潮走向产生重要影响。

20世纪60年代，美国经济经历战后恢复期后快速发展，产业和就业结构加速调整，中产阶级不断壮大，转型期资本主义发展的单向度问题逐渐突出，传统的阶级矛盾逐渐被种族、性别、年龄造成的社会矛盾所取代。这一时期，美国在国际上深陷越南战争泥潭不能自拔，欧洲多国也相继爆发以青年人为主体的抗议行动，在上述背景下，美国发生了旷日持久的黑人民权运动、反战和平运动和以"公民参与民主"为口号的学生运动等左翼社会运动，给美国传统社会权威和价值观带来巨大冲击。

根据美国哥伦比亚大学明科夫（Debra Minkoff）教授的美国社会运动周期理论，在政治机遇有利的条件下，社会运动会导致其"反势力"的兴起。二战后美国社会运动的发展轨迹验证了这一命题。60至70年代，在民权运动推动下，民主党政府相继推出"肯定性行动"（Affirmative Action）、"伟大社会"（the Great Society）等一系列旨在照顾弱势群体、维护社会公正的施政计

---

① 谭扬芳：《"占领华尔街"点燃美国民众的愤怒》，《世界社会主义研究动态》，2011年第58期。

划，政府职能有所扩大，引发保守势力不满，以福音派为核心的新基督教右翼保守运动在此形势下迅速发展，其核心主张是"亲家庭"，强调维护基督教传统教义和价值观，在堕胎、公立学校祈祷、婚姻、同性恋等社会问题上持鲜明保守观点；经济上支持自由竞争，反对政府干预和福利国家，反对提高税收。右翼保守运动的兴起与同一时期发生的里根主义保守革命相互影响，推动美国政治风向显著右转。①

通过历史对比可以发现，美国社会运动的发生通常都与社会转型和经济危机密切相关，当危机催生的一种社会思潮和运动发展到一定限度，乃至威胁美国政治制度和主流价值观时，作为回应，另一种持对立意识形态的社会运动和思潮就会借机兴起，推动社会思潮走向朝相反方向回摆。"占领华尔街"和"茶党"运动的出现同样与2008年金融危机的影响直接相关，体现出"后危机时代"美国社会思潮走向的分化与摇摆。两场社会运动的参与者也同此前的社会运动相似，青年人都在其中发挥了重要作用。另一方面，从运动的目标、诉求、规模、冲突程度等方面看，这两场运动又同60、70年代的社会运动存在较大差异，体现出新的时代特点。

---

① 杨悦：《20世纪70年代以来美国左、右翼社会运动的政治过程比较分析》，中国社会科学院研究生院2013年博士论文。

（四）主流媒体党派色彩更加浓厚，新媒体放大政治分歧，加剧民意分化对立

当前美国主流媒体党派色彩愈加浓重，不同群体的民众习惯于通过符合个人政治理念的媒体了解新闻，发表观点，加剧了民意分化和对立。根据皮尤调查公布的"政治极化和媒体偏好"分析报告，自由派和保守派民众在新闻资源的使用上几乎没有任何重叠，而无论是通过新闻媒体还是朋友家庭间讨论政治话题，民众都倾向于同意见相似的人交换看法。在被调查的36家媒体中，只有《华尔街日报》（Wall Street Journal）能够获得左、右两派的共同信任。绝大多数保守派人士只收看"福克斯新闻"，而根本不信任其他媒体。《华盛顿月刊》（Washington Monthly）对此评论称，党派偏见正在主导新闻报道，如同共和党的医生只医治共和党的病人，民主党的邮递员只投递民主党人的邮件一样，十分可笑。①

网络时代，新媒体进一步发挥了政治分歧放大器的作用，脸书、推特等移动网络和社交媒体平台具有互动性强、信息量大等特点，为政治倾向接近者提供了重要沟通平台，加速了政治思潮的传播、扩散和交锋过程，使民众政治立场趋于极端，对草根运

---

① 张小溪："《华盛顿月刊》称政治极化腐蚀美国新闻报道"，《中国社会科学报》，2014-12-22。

动的兴起起到推波助澜的作用。"茶党"的迅速兴起与新媒体的作用关系密切,每当"茶党"举行重要活动时,有关新媒体都要进行大量报道和渲染,推动活动迅速升温。"占领华尔街"运动在组织动员方面更是高度依赖网络传媒,从行动的倡议、到运动发展各个环节的信息发布都是通过其建立的网站和主要社交网站完成的。

三、两场运动与美国政党政治的相互影响

"茶党"和"占领华尔街"运动导致两党内部民粹派和极端派力量上升,加剧了两党理念对立和政治极化,美国国内政治生态更趋复杂。

(一)大量"茶党"人士进入国会对共和党的政策取向产生显著影响

2011年7月,奥巴马政府与国会围绕债务上限开展的谈判中,国会"茶党"势力的"搅局"作用明显。"茶党"议员在要求大幅削减联邦开支的同时反对任何增税行为,阻挠众议长、温和共和党人博纳(John Boehner)提出的分两步提高债务上限的方案,对危机的产生起到推波助澜的作用。受"茶党"强硬立场的影响,2013年债务危机中,国会共和党人拒不妥协,对最终造成美国联邦政府"关门"负有重要责任。2014年中选,为同

"茶党"势力争夺党内支持,许多共和党候选人都展示了更加民粹的立场,在政策理念上主动迎合草根阶层。

(二)受"占领华尔街"运动影响,奥巴马及民主党政策主张进一步左转

近年两党围绕社会公正议题的争论更加激烈。2012年4月,奥巴马力推的对最富有美国人征收30%所得税的"巴菲特规则"(Buffett Rule)被国会参议院否决。奥巴马及国会民主党人指责共和党"再度选择以牺牲中产阶级利益为代价保护最富裕阶层"。[①] 2012年大选期间,奥巴马及民主党主打"社会公正牌",与共和党候选人罗姆尼(Mitt Romney)就预算、税收和社保等问题密集攻防,为争取各自基本选民交锋空前激烈。

(三)草根运动的兴起并未导致第三党力量的出现,美国两党制基本格局未有改变

当前随着美国政治极化的加剧和决策效率的日益低下,民众对两党政客日益不满,对美国政治体制信任下降,成立第三党的呼声一度高涨,但并未对两党制的存在构成严重威胁。"茶党"势头强劲之时,曾有分析认为其会趁势而上,发展成为两党以外的第三支政治力量,但此后的事实表明,美国选举制度根本上不

---

① 张小溪:"《华盛顿月刊》称政治极化腐蚀美国新闻报道",《中国社会科学报》,2014-12-22。

利于第三党的成长,"茶党"由于其立场与共和党右翼相近,在近年的选举中更多是以共和党人身份参选,并在共和党内发挥影响。"占领华尔街"运动虽也一度提出成立第三党的口号,但此后随着运动进入低谷,建立第三党的计划随之不了了之。总体看,受历史传统、现实因素和选举制度等影响,两党制仍将长期在美国政党生活中存在并发展。

四、两场运动的前景和走向

(一)"占领华尔街"运动由于其草根性、松散性和激进性,更难融入美国政治主流

运动在组织领导、政治联盟和斗争目标方面都不明确,组织者宣称并不关注运动本身能产生哪种即时效果,而只是希望通过运动过程来表达某种观点或情绪。[①] 此外,运动的诉求过于多元,斗争策略单一,忽视与主流政治精英的结盟,特别是其面对美国总体中间偏右的保守思潮,最终难免走向衰退。但应看到,类似的左翼社会运动曾在美国历史上多次出现,传统社会运动的历史影响、贫富差距的持续扩大和新媒体的广泛应用都将为草根运动的存在和发展提供土壤,此类运动今后仍有可能再次走向

---

① 周琪、沈鹏:《占领华尔街运动再思考》,《世界经济与政治》,2012年第9期。

活跃。

（二）"茶党"运动反映出美国社会根深蒂固的保守传统，更具生命力，当前正逐步融入主流政治

哈佛大学教授斯考切波（Theda Skocpol）认为，"茶党"运动当前已在美国国内形成完整的组织网络，包括三个层次：一是以福克斯有线电视网为代表的极右翼媒体平台，这是运动成员的主要信息来源和观念塑造者；二是以国会"茶党"党团为代表的政治精英，代表该组织在全国性政治平台上发言议政；三是遍布全国的"茶党"草根成员。2014年美联社（AP）/GfK民调显示，全美仍有27%的被调查者表示支持"茶党"运动。①

2014年美国中选，众议院多数党领袖坎托（Eric Cantor）在党内初选中意外不敌"茶党"对手，再次引发了外界对"茶党"的关注。2014年8月，"茶党"人士斯卡里斯（Steve Scalise）当选众议院共和党党鞭，表明"茶党"已进入共和党高层，其影响力不容小觑。目前，该运动正在调整策略，其关注的议题逐渐由经济问题转移到医保、移民改革等社会热点，力争提升自身话语权和政治影响。可以预见，在未来的美国政党政治中，"茶党"运动及其代表的保守理念仍将具有相当影响。

历史的看，"茶党"和"占领华尔街"运动所代表的左右翼

---

① 华尔街日报中文网：《远未谢幕的美国茶党》，2014-10-18

社会思潮和社会抗争行为在美国发展进程中此消彼长，你唱罢来我登场，是美国社会发展的常态，也是推动美国政党政治演变和美式资本主义自我调整与更新的重要力量。但社会运动不可能也不寻求改变美国资本主义根本制度，同样无法根除美国政治体制弊端带来的政治极化等深层矛盾问题。

（吴航）

美国政党与媒体关系初析

美国拥有全世界最发达的媒体,无论在规模还是在影响上都极为庞大。媒体在美国被称为行政、立法、司法之外的"第四权力",它与另外三权之间的关系是既合作,又制衡,在美国政治生活中发挥了重要作用。美国政党政治与媒体的关系紧密而复杂,一方面,随着媒体技术的不断发展普及,美国民主、共和两党竞选越来越以媒体为中心,政党行为日益受到媒体的全方位监督;另一方面,大众媒体经常受到两党的操纵和利用,甚至成为其执掌政治和经济权力的工具。

一、媒体对美国政党政治的重要影响

（一）美国媒体与政党关系的演变

美国建国初期至19世纪30年代，报业蓬勃发展，大部分报纸背后都有政党支持，成为政治斗争的工具。这一时期，报纸在宣传西方民主自由理念和服务政党斗争中发挥了重要作用。一些具有较强党派背景的报纸多以攻击其他政党为生，成为当时美国政党政治斗争的重要组成部分。19世纪30年代至20世纪初，大众化的商业报纸登上历史舞台，媒体逐渐独立于政党的控制。1833年开始发行的《纽约太阳报》（The New York Sun）是美国新闻史上第一份"便士报"（penny paper）①，主要面向社会中下层，在经济上脱离政党资助，一定程度上保证了报道的独立性②。同年，普利策奖创始人约瑟夫·普利策（Joseph Pulitzer）号召美新闻工作者"永远与所有党派的哗众取宠者斗争，绝不从

---

① 19世纪30年代，由《纽约太阳报》带头，美国报界掀起一场"便士报"运动，即报纸以低廉的价格和吸引人的内容争取大量读者，使报纸完成了向大众化、通俗化的飞跃。

② Willard Grosvenor Bleyer, *Main Currents in the History of American Journalism* (Cambridge, Massachusetts: the Riverside Press, 1927), p160.

属于任何党派①",美国新闻专业主义也逐渐发展成熟,报纸对政治的报道更加客观和理性。进入20世纪,广播、电视,以及互联网等新媒体陆续出现和普及,大众媒体极大地改变了政党与民众沟通的方式。1920年,美国诞生了第一个争取听众定期收听的商业广播电台。经济大萧条时期,小罗斯福总统为推行新政,在无线电台上开设"炉边谈话"节目,每周固定时间向普通民众宣传国家大政方针,取得良好效果。1952年,美国第一次对总统竞选辩论进行全国性电视转播,电视开始对政治发挥重要影响。有美国学者指出,相貌难看的林肯和过于肥胖的塔夫托(William Howard Taft)总统如果出现在电视时代,很可能与白宫无缘,有20多年电影演艺生涯的里根则在电视屏幕上如鱼得水,充分展示其表演天赋并两度胜选②。"战后在电视的辐射中生育成长起来的一代人已成为美国政坛的中流砥柱,因此媒体作为舆论领袖的重要作用逐渐浮出水面③"。20世纪90年代之后,特别是随着互联网技术突飞猛进,新媒体成为两党争夺的"新高地"。据统计,2012年总统选举期间,奥巴马和罗姆尼两位候选人总共花费逾一

---

① 李良荣:《当代世界新闻事业》,中国人民出版社,2002年,第33页。

② Thomas R. Dye and Harmon Zeigle, *American Politics in the Media Age* (California, 1986), p. 126.

③ 李庆四、张如意:《媒体—政府互动与美国外交决策——以伊战为例》,《燕山大学学报》,2008年3月。

亿美金建设各自竞选网站①。

（二）媒体在美国政党政治中日益扮演重要角色

一是左右候选人命运的"筛子和裁判"。在美国的选举中，候选人正是在报刊、电视、网络上被制造或者毁灭的。由于美国两党重要公职的候选人均由党员直接投票产生，党的领导层失去了对党内候选人提名的直接控制能力，媒体实际上在两党党内初选阶段发挥了筛选候选人的功能。进入两党竞选阶段之后，媒体作用更加突出，对两党候选人做"赛马式"的全面报道，臧否候选人优缺点，很大程度上决定其民意支持率起伏。一些媒体对其青睐某一党派或候选人毫不掩饰。2012年大选，《纽约时报》（The New York Times）、《华盛顿邮报》（The Washington Post）、《洛杉矶时报》（Los Angeles Times）等媒体积极支持奥巴马竞选连任，《华盛顿邮报》更是发表社论表示"支持再给奥巴马总统四年"，《时代周刊》（Time）则公开支持罗姆尼。同时，大众媒体还是竞选议题设置的重要安排者。例如，在1988年总统选举中，民主党候选人杜卡基斯（Michael Dukakis）的个人支持率一度领先老布什将近17%。但由于媒体转而炒作价值理念议题，将共和党候选人老布什（George H. W. Bush）描绘成一个谦恭、顾家的温和保守派人士，最终帮

---

① 刘琴：《美国政治选举中的移动媒体策略——以2012年总统选举为例》，《广告研究》，2013年2月。

助其击败杜卡基斯当选总统。

二是监督政党和政府"如影随形的聚光灯"。大众传媒信息传递迅速、受众广泛，成为监督政府、政党的有效手段之一。美国传媒密切关注政府、国会、两党政要的活动，为扩大自身影响，投入很大人力、物力挖掘内幕、揭露丑闻，一定程度上起到迫使两党政要廉洁自律的作用，有时甚至能影响政府更替。例如 1972 年《华盛顿邮报》对水门事件（Watergate Scandal）①进行长达 26 个月的调查，揭露事实真相，随后《洛杉矶时报》《时代周刊》《纽约时报》等媒体群起而攻之，最终迫使尼克松（Richard Nixon）总统辞职。另外，媒体还通过新闻报道对政党的决策进行事先评估与事后评价，往往使复杂的政策和事件"进入政治绞肉机，让美国新闻界肆意碾压②"，方便受众理解。

三是左右舆论、影响决策的"民意传声筒"。媒体利用自身信息量大、涉及面广、影响力强和传播速度快等特点，使某些问题能够很快引起社会公众关注，从而将民众意见、社会情绪迅速传递到政治体系中，对政党和政府形成强大舆论压力。"长期为人们容忍的事，一旦见诸报端或加以广播，可能迅即成为不可容

---

① 美国历史上最不光彩的政治丑闻之一。1972 年，尼克松总统竞选班子首席安全顾问麦科德（James McCord）等 5 人闯入华盛顿水门大厦民主党全国委员会办公室窃取竞选情报，当场被抓。在媒体持续曝光下，该事件不断发酵。1974 年 8 月，尼克松宣布辞去总统职务。

② 刘杰：《当代美国政治》，社会科学文献出版社，2001 年，第 317 页。

忍的事①"。同时，媒体既能传达民意，也能引导民意。例如在毒品问题上，20世纪80年代美国毒品泛滥，1989年10月民调显示70％的美国民众关注该问题，而到了1991年2月，由于媒体集中精力报道海湾战争，使得只有5％的人认为毒品是一个严重的问题。

二、美国政党对媒体的操纵和利用

在美国，政党与媒体之间总在表面上存在一种对立的情绪。时任总统克林顿在1993年回答记者提问时就称，"你们总爱把我实实在在的决定说成是别的什么东西，而偏偏不把它们看作是政治过程，我早就放弃改变你们这种习惯的奢望了②。"似乎媒体对每位美国政客都不甚满意，政客对媒体也充满敌意，双方的紧张关系常常暴露在公众的视野里。但这只是表象，前《华盛顿邮报》驻京首席记者约翰·庞弗雷特（John Pomfret）就曾说，"许多人认为政治家只是在容忍媒体，并希望能压制媒体，但实际上并非如此，他们一方面觉得媒体讨厌至极，一方面又把我们看作是有用的工具③"。其实美国政党、政府都与媒体存在互利关系，

---

① 李道揆：《美国政府和美国政治》（上册），商务印书馆，1999年，第147页。
② 顾耀铭主编：《我看美国媒体》，新华出版社，2000年，第41页。
③ 同上，第90页。

并且在日常工作中进行着紧密的合作。

（一）美国两党高度重视与媒体关系，在组织、竞选和执政过程中都注意有效利用媒体

两党全国委员会下设传播主管、媒体顾问等职位专门处理媒体与公共关系，并设立了专门的官方网站。媒体顾问在两党候选人的竞选团队中更是不可或缺的角色，负责制作电视和电台广告，提供选举战略和公共关系等方面的意见。白宫设有两个主要媒体管理机构——新闻办公室和通讯办公室，它们在白宫新闻秘书的领导下，通过后台会议、新闻发布会以及其他形式与媒体记者协调新闻报道事宜，包括陈述总统观点以及白宫对重大事件的应对政策等，极力确保媒体报道符合政府利益，为此不惜投入重金。小布什第一个任期内曾花费 2.54 亿美元与公关公司签订合同，帮助其更好地引导媒体报道。媒体还被视为重要的外交战略资源，成为美国垄断话语权的工具，以向全球传播美式价值观，且相比国内事务，媒体更容易在对外事务中同政党和政府步调一致。

（二）对媒体进行有目的、有选择的"喂料"

美国两党的政客可能不一定喜欢那些编辑、记者和主播，但深谙媒体是接触公众的有效工具。两党都试图通过控制权威消息来源，左右媒体报道的内容。在竞选中，候选人采用"信息创造"的手段，积极陈述政见、塑造本党和候选人良好形象，同时攻击对手弱点、揭发对手丑闻。"在任何竞选过程中，多数候选人都是两手并用的，一方面鼓吹自己的主张，一方面攻击对手的弱点[①]"。执政后也注意主动与媒体沟通，通过掩盖事实、发布假消息、玩弄公关技巧等手段，推动媒体按照其意图进行报道，为施政创造良好舆论氛围。如2003年小布什政府将未经证实的情报提供给媒体，作为将伊拉克萨达姆（Saddam Hussein）政权与"9·11"恐怖袭击联系起来的证据，为其发动伊拉克战争制造了舆论基础。伊战开始前，美国政府还借助媒体号称将从西、北两线向巴格达推进，实则以南线为主攻方向。伊战期间，美国媒体还频繁曝出萨达姆、阿齐兹（Tariq Aziz）、拉马丹（Taha Ramadan）等伊政权首脑生死未卜的报道，动摇了伊军军心。利用媒体达到政治目的已经成为美国政党政治中根深蒂固的普遍观念和常见做法。

（三）通过民意测验等方式密切监测舆论环境，影响民意走向

民意测验作为了解和引导民众观点的主要渠道，已成为美国政党政治的重要组成部分。一方面，美国两党高度重视通过民意测验及时了解公众对政策法令的看法、对候选人的支持程度等，实现对舆情和选情的实时监测。民调可以帮助候选人掌

[①] 金灿荣：《美国大选中的"黑洞"——金钱、消极竞选及其他问题》，《世界知识》，1996年第20期。

握许多信息，如当前支持率有多高，哪些选民有争取的价值，哪些主张可以吸引这些选民，如何传递这些主张等等。然而民意测验也不一定能够完美的反映客观情况，美国民调先驱乔治·盖洛普（George Gallup）就称民调为"婴儿"产业，在未来还需重新加以评估，2015年英国大选之前民调的集体"失准"就是例证。所以，两党和政府有时更多将民意测验作为引导舆论的重要工具，利用普通民众的从众心理，通过影响甚至编造民调数据，改变媒体和民众对问题的看法。2012年大选期间，美国公共政策民调基金会（Public Policy Polling）2012年9月发布的民调显示奥巴马支持率为50%，相比8月增加2个百分点，在大选关键阶段抬拉了奥巴马和民主党的选情。共和党则指责该机构操纵民调结果，质疑数据真实性。1998年克林顿就莱温斯基（Monica Lewinsky）事件①的作证录像在电视上播放之后，媒体进行了角度丰富的民意调查，民主党方面强调民调显示了美国民众对共和党借丑闻进行党派斗争日益感到厌倦和不满，共和党的解读则是民众对民主党已经失去信心。

三、美国政党政治与媒体关系未来走向

随着电视转播技术、互联网技术的发展，智能手机、平板电

---

① 指白宫实习生莱温斯基与时任美国总统克林顿之间的性丑闻。1998年被媒体曝光后，引发政治地震，克林顿总统险遭弹劾。

脑等新型终端的普及，媒体影响政治的手段变得更加丰富，效果也更加立体。据统计，美国国会两院在20世纪90年代中期先后建立了官方网站，2003年超过半数的众议员和参议员已经拥有能够即时更新的个人网站，到了2007年，100%的两院议员都拥有了个人网站。在2008年奥巴马成功当选美国历史上第一位非裔总统后，人们开始注意到新媒体在美国的选举政治中发挥的重要作用。

（一）新媒体受到热捧，成为美国两党必争的"新高地"

新媒体丰富了民众参与政治的方式，在竞选中的独特作用日益明显，特别是使年轻人参政热情显著高涨。随着互联网等新媒体的普及，美国两党都充分利用该渠道"推销"执政理念，提升政党形象，助力竞选和筹款。2008年大选中，奥巴马竞选团队极为重视利用互联网和新媒体助选和筹款，利用新媒体组织了超过15万项活动，建立了超过3.5万个助选团体，影响了选举的各个层面。2008年奥巴马募得的7.47亿美元竞选资金中，有5亿多美元是支持者通过MyBO的近650万次网上捐款完成的。2012年奥巴马成功连任时，他对新媒体的运用更是登峰造极，拥有3200万脸书粉丝、1200百万推特粉丝，在优兔（Youtube）上视频数达到26万个，他的对手罗姆尼相应只有1200万，170万和3万。

（二）媒体对美国政党政治的影响进一步提升

一方面，善于操纵媒体的政党及候选人上台执政机会更大。美国两党很早就把媒体视为"造王者"。随着传媒技术日新月异，这一现象更加明显。当前，美国两党候选人赢得竞选的首要功课就是用好媒体，在媒体上将自己包装成政治明星，同时大量投放以攻击对手政见、抹黑对手形象为主要内容的负面竞选广告。这导致能够取得竞选成功的候选人往往具有在媒体聚光灯前演讲、辩论和表演的卓绝能力，却未必拥有丰富的实践经验和执政能力。希拉里·克林顿2008年与奥巴马竞争党内总统候选人时就断言，奥巴马"纵使竞选巧舌如簧，若是执政定腹内空空"。另一方面，媒体"绑架"政党政治之势逐渐显现。美国媒体业高度发达，已成为民众接触国内外政治、社会信息的主要途径，并在选举议题设置、热点问题关注度等方面对政府、国会和政党产生直接影响。美国政府、国会在出台重大政策举措时，越来越多地需要将媒体反应作为重要考虑因素，有时甚至被媒体牵着鼻子走。

（三）媒体分化成为政治极化"催化剂"

近年来，美国媒体自身政治倾向日趋明显，"政党化"趋势卷土重来，媒体报道的立场也更加分化。如《纽约时报》、《华盛顿邮报》、MSNBC电视台等倾向民主党，《华尔街日报》、福克斯新闻网倾向共和党。媒体分化对近年来美国政治极化起到了推波助澜的作用。当前美国媒体大多偏向报道个性鲜明、言辞极端的候选人，促使两党候选人从中间、温和的立场纷纷向左右极端靠拢。同时媒体分化尤其是各种持激进立场的新媒体的出现，满足了民众通过个性化的方式选择性地获取他们希望获取的信息，潜移默化地强化了民众的既有立场，加剧了政治极化，对两党凝聚共识形成了阻碍。

美国媒体虽贵为"第四权力"，但如同所有其他企业一样，也受到来自内部和外部的限制。一方面，由于大部分美国媒体是以盈利为目的的私营企业，它们内部运营和管理模式的"自上而下"、"不民主"的特点同其新闻产品的"客观"、"独立"存在矛盾。另一方面，来自政党的操纵和利用使得美国媒体更加偏离了宗旨。继续加强对美国媒体的研究，将有助于我们进一步理解美国政党政治。

（张祯隆）

美国两大政党力量对比及其走向

一、近年来美国两党力量消长"钟摆效应"明显

因政治制度、社会结构、意识形态等因素使然，美国逐渐形成"权力交替"的两党制。19世纪，美国两党制基本成型后，共和党与民主党前后交替，各自称雄一时。二战结束至今，美国先后有6任共和党总统和6任民主党总统，一党连续掌控白宫一般不超过2届。进入21世纪后，两党交替执政、难以独大的"钟摆效应"进一步凸显。

(一) 21世纪以来美国重大选举中两党各有胜负，旗鼓相当

20世纪以来，美国总统权力不断扩大，总统大选对两党力量对比的指标性意义不断上升。2000年总统大选中，两党势均力敌，甚至因选票过于接近引发"布什诉戈尔"案，由最高法院审判后小布什才登上总统宝座。以此为节点，美国两党力量对比进入"象升驴降"阶段。2002年中期选举中，共和党挟小布什反恐得力、民意冲高之势打破"中选魔咒"，国会议席不失反增，成功控制参众两院，并占据过半数州长职位。2004年总统大选中，共和党优势得以进一步巩固。小布什成功连任，从选举人票到普选票，都进一步拉开与民主党差距。

盛极必衰。2006年中期选举中，两党力量对比发生逆转。民主党重夺失去达12年的国会控制权，在州长数目上也实现超越。自此，民主党止跌反升，两党力量对比逐步进入"象降驴升"阶段。2008年大选，民主党候选人奥巴马趁热打铁，以十多年来得票率新高赢得选举，终结长达8年的共和党总统时代。2010年中选，民主党未能逃脱"中选魔咒"，上扬趋势有所收敛，共和党借机夺回众议院控制权，并新拿下多个国会议席。2012年大选，奥巴马再度当选，但两党得票率差距进一步缩小，"象升驴降"初现端倪。2014年中选，民主党遭遇滑铁卢，遭遇美国历史上总统所在党的议席最大跌幅。共和党成功控制参众两院，在众议院获得二战后最多的246席，并成功控制31个州。自此，"象升驴

降"趋势由暗转明,2016 年大选民主党面临重大挑战。

(二)筹款能力"象强驴弱"是常态,近年差距减小,民主党偶尔反超

随着选举政治的不断发展,竞选资金的重要性与日俱增。共和党建立了有效而紧密的全国组织负责筹款,而民主党则侧重积极发动志愿组织参与筹款。借助与大财团的紧密关系,共和党的选举筹款总额在上世纪 90 年代前一直远超民主党达两三倍之多,此后两党选举筹款额差距不断缩小。在 2000 年和 2004 年大选中,共和党筹款总数均只超过民主党 5 成左右;2008 年和 2012 年大选,由于奥巴马个人魅力和积极发动个人捐款者等因素,民主党实现了筹款总数对共和党的反超。但总体上看,共和党仍占优势,在 2010 年和 2014 年中选,共和党筹款数额仍比民主党分别多出 5 千万和 1.6 亿美元左右。

近年来,个人捐款成为助力民主党人奥巴马两次胜选的筹款利器。美国最高法院于 2014 年 4 月废除了个人对多个选举候选人、政党和政治行动委员会捐款总量上限,但仍维持个人对每个候选人及对每个党派委员会捐款上限。该判决将进一步增强筹款能力对两党力量对比的影响。但其对单个支持者众多的民主党还是大财团支持的共和党有利尚待观察。

（三）两党政党认同度"驴多象少"但差别不大，近年独立选民异军突起，成"关键少数"

从政党认同度及支持度来看，民主党近来一直要高于共和党，但差别不大。根据皮尤公司民调数据，2002年认同两党的选民皆为43%；2004年登记为民主党和共和党的美国公民分别为7200万和5500万人；2007年，国会民主党支持率30%，共和党支持率26%；2008年，认同民主党和共和党的选民分别为50%和35%。独立选民中民主党和共和党的支持比为17:11。根据盖洛普公司民调数据，2012年大选中，民主党支持率32%，共和党支持率24%；2014年，对民主党有正面评价的选民为47%，负面评价的选民为48%，对共和党有正面评价的选民为39%，负面评价的选民为55%；2014年中选期间，支持民主党的选民比例为51%，支持共和党的为30%。总体上看，美国民众一般更倾向于支持民主党，但两党实际差距不大。

近30年来，美国独立选民比例稳步攀升。目前，独立选民比例从2000年的29%上升至2011年的37%。2012年盖洛普民调数据显示，美国独立选民比例为40%，高于认同民主党的31%和共和党的27%。不过，虽然独立选民投票主要基于议题，但大多数仍具有党派倾向，实际仅有15%的选民的投票基于议题而非党派。但随着选举政治的愈演愈烈，独立选民开始在选举中扮演越来越重要的关键少数角色。

(四) 共和党色彩利益集团能量略高民主党一筹

共和党主要支持阵营为工商集团尤其是军工企业、宗教和政治保守派、步枪协会（National Rafle Association of America）、反堕胎团体、全国农场主联盟（National Farmers Union）、美国商会等。民主党主要为劳联—产联（The American Federation of Labor and Congress of Industrial Organizations，AFL‐CIO）及其下属工会、环保、女权、同性恋团体、全国有色人种协会（National Association for the Advancement of Colored People）等。一般认为，共和党在组织、资金、动员能力等方面要强于民主党。但同样党派色彩的利益集团间亦存在冲突，如民主党色彩利益集团中的劳工团体与环保团体。

共和党色彩的步枪协会是美国最大单一问题利益集团，拥有400多万会员，潜在支持者超过千万。还对国会议员候选人的控枪立场进行评分，出版《投票指南》作为投票依据。美国商会则下辖数千家商业和贸易协会、3万多家公司等，是美国国内最强有力的利益集团之一。①

作为对民主党影响极大的"劳联—产联"则在人力资源上具有突出优势：拥有数千万成员，会员数占总投票数份额已升至约30％。虽然财力不如许多共和党色彩利益集团，但善于发动基层

---

① 张立平：《美国政党与选举政治》，中国社会科学出版社，2002年，第53页。

成员为民主党造势。2008年大选，其从2亿年度预算中拿出5300万支持民主党候选人，并成功发动250万名成员对24个重点州的1300万选民展开劝说和游说活动。[①] 另外，同性恋、少数族裔团体虽然影响力有限，但对民主党的支持更为积极和坚定，力量不可低估。

综合看，共和党色彩的利益集团影响力要高于民主党。但利益集团向来见风使舵、两面下注，近年普通选民对选举影响力与日俱增，故利益集团影响仍有瓶颈，两党争取利益集团支持的激烈竞争仍将继续。

二、影响两党力量对比变化的几大因素

（一）经济形势变动

从经济政策看，民主党倾向政府干预市场，重视通过税收杠杆、教育投入等财富再分配手段促进社会公平。共和党则倾向"小政府、大市场"，减少政府福利开支来削减赤字，鼓励自由竞争。美国素有"民主党善经济，共和党善外交"一说。虽然该现象不乏偶然性，但由于核心理念着眼中下层民众，民主党往往能在经济形势不甚明朗时借势得利。过去50多年中，民主党执政

[①] 张立平：《美国政党与选举政治》，中国社会科学出版社，2002年，第78页。

期间美国经济总体好于共和党执政期间，且"罗斯福新政"一直是其引以为豪的政治资本。民主党总统克林顿、奥巴马都是借经济议题以小博大、赢得大选的典型例子。

奥巴马借助 2008 年经济危机以"改变"为口号成功胜选，其后美国经济逐渐复苏，效果显著。虽因经济增长未惠及普通民众备受争议，但经济情况转好已成事实。基于历史经验，美国目前经济转好或有利共和党 2016 年拉升选情，但正逐渐拉大的贫富差距依然是民主党可以借用的抓手。

（二）社会思潮演变

社会思潮是美国两党重要分水岭，20 世纪以来，两党核心理念分别以"罗斯福新政"和里根领导的"保守主义革命"为节点，分别与自由主义和保守主义深度捆绑。政党政治表面上是两党之争，实质上反映的则是自由主义与保守主义间的消长变化。保守主义在美国兴起于 19 世纪中叶，从 1854 年至 1932 年，共和党在美国政坛长期处于支配地位，控制白宫 56 年，参议院 64 年，众议院 50 年。

1929 至 1932 年的经济大萧条和罗斯福新政使自由主义得以复苏。此后 62 年间，民主党控制白宫 34 年、参议院 52 年、众议院 58 年。20 世纪 60 年代，抛弃"共识政治"，与民主党划清界限的"保守主义革命"促使保守主义涅槃重生，对自由主义发起有力冲击。1994 年中期选举，共和党击败民主党，一跃成为国会多数党。到2000年，共和党不仅继续控制参众两院，而且夺回白宫。2004年，小布什赢得连任，同时保守派大法官亦在最高法院占优，保守主义实力大增。

由于反恐战争的久拖不决和2008年经济危机的接踵而至，保守主义奉行的外交政策与经济理念开始备受质疑。民主党借势回升，大打自由主义牌，将医疗和社会保障、移民政策作为改革突破口。奥巴马一举拿下2008年和2012年总统大选。但自由主义的短暂回潮，并不意味着保守主义的长期式微。近来，奥巴马内外政策所面临的诸多指责亦说明美国保守主义势力仍十分强大。

总体上说，保守主义一直占据美国精英阶层和思想界主流，但自由主义影响力仍不容小觑。在美国社会环境下，二者皆难以长期独霸政坛，其各自消长对两党力量的影响将长期存在。

（三）人口结构变化

在选举政治下，人口结构变化对两党政治存在深刻且持续的影响。近年来，美国人口结构变化情况对两党各有利弊，但总体上对民主党更为有利。各因素中对民主党有利的有：一是少数族裔人口规模扩大。当前，美国人口结构呈现"多数少数化，少数多数化，整体拉丁化"特征：以拉美裔为代表的少数族裔增长迅速，以盎格鲁—撒克逊（Anglo-Saxon）为代表的本土白人比例逐年下降，导致美国人口结构进一步多元化。2010年，美国白人比例降至63.7%，拉美裔则达5050万跃居16.3%，成为美国最大少数族裔。2000至2010年，美国白人人口增长率仅1%，而拉美裔人口增长率则高达43%。美国人口调查局预测，到21世纪中叶，白人占人口比重将降低至46%，少数族裔上升至54%，拉美裔比重将达29%。① 2008年总统大选中，近7成拉美裔选民支持民主党候选人奥巴马。拉美裔年轻人中，奥巴马支持率近8成，而共和党候选人麦凯恩（John McCain）仅2成左右。2012年总统大选中，共和党候选人罗姆尼支持者中9成为白人选民，而奥巴马则获得了8成少数族裔选民的支持。二是生于1978年至2000年的"新千年一代"占选民比例不断提升。预计到2020年其占人口总数比例将达39%。在2008年和2012年大选中，民主党在18至29岁选民中均获得约7成选票，比共和党高出3成多。② 同时，高学历白人数量的增加和宗教信仰进一步多元化也促使温和自由派选民持续增加。三是近年来未婚女性、职业女性、高学历女性群体不断扩大。2008年大选中，奥巴马获得单身女性70%得票率，职业女性选民60%得票率。另外，人口老龄化或有利于共和党。"婴儿潮一代"逐渐步入退休年龄，美国社会总体呈现老龄化趋势。2010年65岁以上选民比例为17%，预计到2030年该比例将达26%。③ 奥巴马政府推行的医疗保障和

---

① http：//www.census.gov.us//20060542nf.bp
② http：//www.pewresearch.org//25313728
③ http：//www.pewresearch.org//32110751

社会保险方面的改革将直接触及老龄人口群体切身利益，故该群体近来对共和党支持力度不断增强。

近两次大选中，民主党的胜选在相当程度上受惠于美国少数族裔人口的增加及该群体对奥巴马近乎"无条件"的支持。该优势足以抵消人口结构变化对共和党的利好。但由于少数族裔群体合法选民比例较低且投票率一直不高，其政治影响力与其人口增长并不成正比，对美国政治的后续影响尚待观察。

三、两党力量消长对美国未来政治走向的影响

（一）短期看，2014年中选后"驴降象升"初现，2016年共和党胜选几率加大

2014年中选，民主党受奥巴马执政绩效影响在国会和州长选举中败北。共和党既成功控制国会，又拿下31个州执政权和全部8个南部州。鉴于奥巴马执政业绩拖累、社会贫富差距拉大、选民心理"喜新厌旧"，在国会和地方占优的共和党在2016年大选中胜选几率进一步加大。但其内部目前仍缺乏领跑者式的潜在候选人，还需面对具有8年执政根基和魅力实力兼具的民主党候选人希拉里·克林顿，故共和党能否把现有优势转化为胜选关键仍有待观察。

（二）中期看，美国国内政治"钟摆效应"将继续存在，两党力量对比难分伯仲

两党政治结构是美国独特历史和国情产物，由于分权制衡的制度设计，自由主义与现实主义的此消彼长，经济利益、社会结构、社会思潮的极化，轮流执政的"钟摆效应"将在相当长的时期内存在于美国政党政治之中。在这些因素没有发生根本性变化时，任何一党都难以长期执政，也难以独断专行。

（三）长期看，随着少数族裔人口的增加，或有利于民主党继续扩大选民基础，但共和党亦不甘示弱、积极应对

综合2008年和2012年两次总统大选，少数族裔对民主党支持率明显高于其他族群，且受政治议题影响较小。由于该族群近年人口激增，将在相当程度上对美国今后选民结构产生重大影响。因此，若民主党在移民政策等领域立场不发大变化，越来越多的少数族裔选民对其的支持将成为今后左右美国国内政治的关键。同时，共和党方面并没有坐以待毙，而是采取了更为灵活的应对措施。目前，共和党亦积极提携本党内少数族裔政治家如古巴裔的鲁比欧（Marco Rubio）等人。在移民政策改革等问题上，共和党亦开始采取更为灵活、开放的态度以避免得罪少数族裔。

（姚亿博）

两党核心理念演变及其对美国内外政策的影响

美国民主、共和两党核心理念系出同源,都主张维护资本主义政治经济制度,同时在长期发展演变中形成了不同的价值观和政策取向,在自由与平等、政府与市场、理想主义与现实主义之间呈现出周期性回摆的特点,对美国内外政策产生了重要影响。

一、美国两党核心理念及其演变过程

（一）两党核心理念主要内涵

共和党核心理念是保守主义。内政事务中奉行经济自由主义，认为私人财产权和私人间的契约自由是任何自由的基础，反对国家权力过多干预经济，鼓励竞争，注重效率，认为在真正自由竞争下因个人能力强弱不同而产生的经济不平等是正当的。外交领域倾向于以权力政治和均势理论为核心的现实主义，强调实力外交，注重利用军事安全手段维护国家利益，从而达到美国称霸全球的目的。

民主党的核心理念是自由主义。内政事务中奉行社会自由主义，认为社会行为可以并应该不断更新去提升整体的社会福利，借此调节在经济层面上个人自由产生的社会不均[1]。支持国家权力干预经济，以法律和制度规范经济竞争（如反托拉斯、物价管制、最低工资等），支持公办或补贴的教育、医疗、住房、失业救济等社会福利措施，保护弱势、少数群体[2]，以提升整体的社会福利。外交领域倾向于理想主义，主张利用国际机制，通过推广人权和民主、扩展经济联系和加强国际合作等方式扩大美国影

---

[1] 梁鹤年：《西方文明的文化基因》，三联书店，2014年，第392页。
[2] 同上。

响力，确保美国世界主导地位。

两党的核心理念均源于主张维护个人自由、市场经济，强调个人权利和社会的自然状态高于国家权力的古典自由主义（classical liberalism）。19世纪末20世纪初的"进步运动"（The Progressive Movement）使古典自由主义遭到冲击，主张维护自由主义传统的现代保守主义和主张政府积极干预经济社会事务的现代自由主义分别发轫。20世纪30年代富兰克林·罗斯福总统推行的"新政"标志着民主党正式将现代自由主义作为本党核心理念，20世纪40年代到50年代中期共和党发起保守主义运动，标志现代保守主义正式成为共和党的核心理念。80年代罗纳德·里根当选总统后推行一系列保守主义政策，进一步确立了该理念在共和党的主导地位。

（二）理念演变影响下两党内外政策变迁

一是19世纪中期至90年代古典自由主义主导的资本主义自由放任时期。这一阶段民主党和共和党在国内经济领域都受到古典自由主义影响，鼓励自由放任经济，主要政策分歧是奴隶制和关税问题。同时，民主党坚决反对银行，认为银行的建立和发展壮大了权钱阶层，伤害农业社会利益。共和党执政期间推行自由放任政策，引发大规模不受监管的经济活动，美国进入了工业化和城市化迅速发展的"镀金时代"（The Gilded Age）。

二是19世纪末至20世纪30年代进步主义和保守主义交替时期。19世纪末20世纪初的美国处于社会转型时期，经济上刚刚实现工业化，政治上向垄断资本主义过渡，经济秩序混乱，阶级矛盾尖锐，资本主义自由市场经济和民主政治岌岌可危。古典自由主义理念传统下的自由放任政策已无法适应日益城市化、工业化和多元化的社会①，进步主义理念作为一种社会思潮由此诞生，倡导建立一个有序、高效、稳定和强调社会责任的体制，反对自由放任主义，认为政府应为大众谋福利。保守主义者则运用社会达尔文主义（Social Darwinism）予以反击，主张将达尔文提出的"物竞天择，适者生存"的自然界法则应用到经济社会生活中，认为自由竞争是自然规律的根本体现，支持自由放任资本主义和自由贸易。共和党总统西奥多·罗斯福（Theodore Roosevelt）和民主党总统伍德罗·威尔逊（Woodrow Wilson）则在进步主义理念影响下分别提出"新国家主义"（New Nationalism）和"新自由"（New Freedom）思想，开启了美国历史上联邦政府大规模干预经济的先河。其主要措施包括：打击"坏托拉斯"，利用司法手段对企业不法垄断行为进行起诉；监督铁路公司，加强州际商务委员会对铁路运价的定价权；推动金融制度改革，建立美国联邦储备体系，加强联邦政府对经济的宏观调控能力；征收个人所得税，缓解社会财富分配不公。但

---

① Michael Kazin, ed., *The Concise Princeton Encyclopedia of American Political History* (Princeton: Princeton University Press, 2011), p. 402

同期其他各届共和党政府总体上奉行有利于工商界和资本家利益的自由放任的社会经济政策。在国际政治领域，威尔逊领导的民主党政府放弃美国传统的孤立主义政策，以自由、民主、和平、正义的旗帜支持同盟国英国，提出建立"世界新秩序"并由美国领导世界的理念，积极倡导美国加入国际联盟，形成了影响深远的"威尔逊主义"（Wilsonianism），成为国际政治中理想主义的代名词。

三是20世纪30年代至60年代现代自由主义理念主导时期。1929年爆发的大萧条是美国历史上最严重的经济危机，标志着自由放任的古典自由主义理念走到了尽头。民主党以绝对优势夺回白宫，小罗斯福总统进一步发展了进步主义时期国家干预经济的政策实践，实行"新政"，此后现代自由主义理念主导美国历届政府政策长达近四十年。这一时期，民主党政府相继实施了"新政"、"公平施政"（Fair Deal）、"新边疆"（New Frontier）和"伟大社会"等重大社会经济政策，加大国家对经济的干预，构建福利国家体系，深刻改变了美国社会面貌。一是经济领域以凯恩斯主义为理论指导，加强联邦政府对宏观经济的调控。"新政"时期，联邦政府根据国会通过的《紧急银行法案》、《全国工业复兴法》和《农业调整法》对破产银行进行重组并建立了全国工业复兴委员会和农业调整管理局，从财政金融、工业和农业多方面对国家经济进行干预。肯尼迪（John F. Kennedy）政府的"新边疆"经济改革采纳凯恩斯新经济学的减税主张，实行长期赤字财政，加强了国家对整个经济周期的干预，并通过减税、加速折旧和投资税优惠等措施有意识地直接参与资本积累过程，把国家对经济生活的调节进一步扩大到生产领域。同时，肯尼迪政府制定了工资－物价指导线，规定工资和物价的增长不得超过3%的全国平均劳动生产率的增长，并直接插手钢铁工业的劳资谈判。

二是社会领域以"平等"为目标建立社会保障制度、打击贫困、扩大联邦对教育和医疗卫生等领域的干预、支持黑人民权运动。社会福利方面，"新政"时期，国会通过了社会保障法，对年老、残废及贫困无靠的儿童和失业者提供最低限度的救济金，并成立社会救济机构。约翰逊（Lyndon Baines Johnson）促使国会连续通过了《医疗照顾法》、《医疗补助法》、《经济机会法》、《中小学教育法》和《高等教育法》等一系列重大的福利法案。减贫方面，约翰逊政府实施"向贫困宣战"的政策，通过儿童与青年教育计划、职业训练与再训练计划、社区行动计划和落后地区改善计划等解决富裕社会的贫困问题，把美国建设成为一个机会与结果完全平等的"伟大社会"。民权方面，肯尼迪政府提出了第一个比较彻底的取消种族隔离制度的民权立法，为约翰逊任内的民权立法奠定了基础。约翰逊政府任内通过了三项民权法案，包括1964年民权法、1965年民权法（又称选举权法）和1968年的民权法（又称开放住房法），在法律层面结束了种族歧视和隔离的历史。

三是外交领域以理想主义、国际主义为指导积极参与国际事务，对外输出民主。这一时期美国外交事务先后由罗斯福政府时期的二战和肯尼迪－约翰逊政府时期的冷战主导。二战期间，国会修改中立法并通过《租借法》，为美国向英国和法国出售武器和提供物资扫除了法律障碍，美国从孤立主义转向干涉主义。在国际合作思想的影响下，罗斯福政府主张全面裁军，反对军备竞赛，主张建立世界性的国际组织，反对地区性安排。冷战时期，肯尼迪—约翰逊政府在反共和输出民主思想的领导下将遏制和击败共产主义作为国家目标，同时通过战后初期对德国和日本进行民主改造以及对第三世界发展问题的关注和干预促进民主的传播。

四是20世纪60年代末至90年代初现代保守主义理念崛起和主导时期。这一时期共和党长期执政，在经济领域以供应学派和货币主义学派为理论指导，大幅减税，刺激投资，削减社会福利开支，还权于州和个人，实行自由放任的经济政策。如1981年里根上任伊始便实行历史上规模最大的三年减税25%计划以推动经济发展，联邦储备银行严格控制货币和信贷以遏制通胀，减少政府民用开支，平衡预算以整顿国家财政。① 外交领域以现实主义为指导实施实力外交，坚决维护国家利益。60年代末70年代初，以伙伴关系、实力和谈判为基本内容的尼克松主义出台，

---

① 姜琳：《美国保守主义及其全球战略》，社会科学文献出版社，2008年，第88页。

企图通过加强盟国伙伴关系来减轻自身压力,通过与苏联谈判扭转战略上的被动局面,同时暂时搁置意识形态分歧改善对华关系以加强对苏遏制。80年代里根政府提出"以实力求和平"的对外关系战略,大规模扩军并对苏采取强硬措施,制定"星球大战计划"以重新确立对苏战略优势,加强与日本、西欧等盟国关系以共同抗苏,加强中美关系以借重中国制衡苏联,在全球范围与苏联展开针锋相对的争夺。

五是20世纪90年代初至今"第三条道路"(The Third Way)和两党理念调整时期。克林顿领导的民主党政府采取了介于现代保守主义和现代自由主义之间的"第三条道路"。内政领域将自由主义和保守主义的经济理论及政策主张融和在一起,将大幅增税和削减开支相结合,实现预算平衡,改救济性福利为工作福利,提高医保体系效率。外交领域选择了一条介于理想主义与现实主义之间的中间道路,提出经济、军事、民主为外交三大支柱的对外政策,突出经济安全重要性,推行强调外交接触与推广民主的"参与和扩展战略"(Engagement and Enlargement)。① 小布什领导的共和党政府上台后重新回归保守主义,减少政府部门对私人企业的管制,减税刺激投资,削减社会福利支出和打击工会。外交领域奉行新保守主义理念,通过推行单边主义和"先发制人"打击实现反恐谋霸的战略目标。民主党总统奥巴马上台

---

① 姜琳:《美国保守主义及其全球战略》,社会科学文献出版社,2008年,第178页。

后大举实践现代自由主义，实施了以庞大财政开支为支撑的经济刺激和救助计划，推动金融监管改革，对富人增税，通过了重点照顾中下阶层利益的医保改革法案，全面加强国家对经济社会的干预。外交领域则实行了带有其个人色彩的理想主义，推崇将军事与外交和经济手段相结合的"巧实力"（smart power）外交，通过多边协调、责任分担、选择性介入、慎用武力等低成本手段维护霸权。

二、美国两党核心理念演变的主要特点及未来趋势

美国两党核心理念并非空中楼阁，而是植根于美国经济、社会和文化的深厚土壤。生产力的发展带来经济社会的变迁，推动两党选民基础的社会和地理结构以及政党认同出现重要变化，使两党理念演变呈现出阶段性和周期性回摆的特点。

（一）"自由"与"平等"的钟摆

自由理念起源于17和18世纪强调个人至高无上的清教精神，是美国政治文化的基石，也是最首要的美国价值观。美国的自由理念包括"消极自由"（negative liberty）和"积极自由"（positive liberty）。前者认为政府行为是个人自由的天敌，应保护个人免遭政府权力的侵犯。"消极自由"划定了不干涉的区域，政府的角色只是保护和巡逻个人自由的边界。后者认为一个积极

作为的政府能够帮助人民实现仅靠个人力量无法完成的事务，国家干预是自由的保障。平等则是贯穿美国政治思想和实践中的另一项核心价值观。平等理念最早体现在宣称人人生而平等的《独立宣言》（The Declaration of Independence），并在1787年宪法中得以加强。美国的平等理念包括"机会平等"和"结果平等"。前者强调任何人，不论出身境况，都应受到平等无差别的对待，人人都应享有尽最大可能努力获得成功的平等权利，在这一前提下可以接受因个人能力差异导致的结果不平等。后者强调结果平等，即人人应享有平等的经济和社会权利，主张政府通过社会福利计划进行财富再分配，缩小贫富差距。自由和平等是贯穿美国政治思想和实践的两项核心价值观。民主党倾向于"积极自由"，政策表现为国家积极参与社会经济事务，争取人人享有平等的经济和社会权利，保障"结果平等"。共和党倾向于"消极自由"，政策表现为削弱国家对社会经济生活的干预，反对以确保"结果平等"为由损害自由。两种价值观的影响力根据经济社会形势变化而周期性起伏。2012年总统大选中，奥巴马主打"平等"牌，关注教育、就业、医疗等民生问题，强调缩小收入差距，保障社会公平，捍卫中产阶级利益，更能迎合正处于经济复苏中美国普通民众的需求。共和党总统候选人罗姆尼主打"自由"牌，主张通过减税和放松管制促进企业发展，维护企业家和富人利益，由于得不到普通民众广泛支持而竞选失利。

(二) 政府和市场关系的调整

民主党主张"大政府",支持政府监管,限制自由市场的无序发展,以促进社会公平和经济可持续发展。20 世纪 30 年代到 60 年代的"新政"、"公平施政"、"新边疆"和"伟大社会"等一系列国家宏观调控措施不断扩大和深化政府对市场的监管和调控,为促进平等而限制个人和企业的部分自由,理念和政策的天平向政府一方倾斜。共和党主张"小政府",反对政府过度监管,认为自由市场最有利于促进经济发展,扩大社会整体福利。在 80 年代入主白宫后共和党政府放松对市场的监管和对经济的宏观调控,政策天平向市场一方倾斜。2008 年经济危机的爆发冲击了保守主义经济政策,民主党政府再次实行国家干预的宏观调控,天平再次向政府倾斜。近年来,由于两党政治极化不断加深,两党及两党选民在政府与市场关系上的价值取向也日趋极化。皮尤研究中心 2012 年美国价值观调查显示,77% 的共和党人认为政府干预市场会导致低效和浪费,持相同观点的民主党人仅有 41%[①]。

(三) 个人权利与公共利益关系的争论

民主党一直以弱势群体保护者自居,强调公共利益高于个人

[①] http://www.pewresearch.org/daily-number/wide-gap-between-republicans-democrats-in-views-of-government-effectiveness/

权利，主张利用联邦政府权力加强社会保障和社会福利①。民主党扩张性社会福利政策在约翰逊总统任内达到顶峰，在克林顿执政时期有所减弱，在奥巴马任内又重新上升。2014年皮尤研究中心和《今日美国》（USA Today）的联合民调显示，民主党人中90%中认为政府应对缩小贫富差距有所作为，其中62%认为政府应当积极作为，而持相同观点的共和党人分别仅有45%和23%②。共和党则认为个人权利高于公共利益，反对政府过多投入公共工程和社会福利。里根、老布什和小布什在任期间，共和党政府实行收缩性福利政策，大幅削减救济性福利项目，实行有利于富人的减税政策，主张用促进就业和鼓励慈善事业来替代社会福利。

（四）现实主义与理想主义的交织

美国两党外交政策共识大于分歧，对外总体战略目标相同，二战和冷战时期是为了赢得战争胜利，维护全球霸权，冷战后则共同致力于维护单极世界格局和巩固美国霸主地位③。但民主党重理想主义而共和党重现实主义。随着美国经济形势、综合国力

---

① 楚树龙、荣予：《美国政府和政治》（上），清华大学出版社，2012年，第84页。

② http://www.people-press.org/2014/01/23/most-see-ineuqality-growing-but-partisans-differ-over-solutions/

③ 李艳：《战后美国民主党和共和党的差异与共识》，河北师范大学同等学力人员申请硕士学位论文，2002年，第32页。

的起伏和执政党的轮替，美国历届政府外交政策的目标重点、手段措施、对外干预程度和对国际机制的态度等方面出现理想主义和现实主义交织的局面。例如，克林顿政府执政初期的对外政策理想主义色彩突出，后期则由于国际形势的变化和国内党争等因素而偏向现实主义。

上述两党核心理念将继续成为2016年大选的关键词。当前，共和党吸取连续两次总统大选失利的教训，不得不调整片面强调个人自由和"小政府"的理念，在社会经济领域可能重回温和中间立场，以吸引更多选民。外交领域则继续坚持美国"例外论"（American Exceptionalism），坚持重视军事手段、坚定捍卫美国独霸地位的强硬路线，批评奥巴马政府在外交领域过于软弱。竞选人之一的佛罗里达州前州长杰布·布什（Jeb Bush）就是在内政领域偏向温和立场、外交领域强硬保守的典型。随着奥巴马政府领导下美国经济复苏形势向好，民主党将继续推行强调社会公平和结果平等的"中产阶级经济学"（middle-class economics），以此作为本党参加2016年大选的政治资产。外交领域则可能在理想主义的基础上更注重实力外交和军事手段。该党竞选人希拉里·克林顿在社会经济领域与奥巴马政府主张基本一致，在外交事务中则自称"混合的、理想主义的现实主义者"[①]，一方面坚持强调民主和人权的价值观外交，另一方面毫不避讳动用武力手

---

① Hillary Rodham Clinton, *Hard Choices* (Simon and Schuster, 2014), p566.

段的重要性。两党核心理念演变及其对美国内外政策走向影响仍值得关注。

（王恋斯）

政党政治对美国外交的影响浅析

长期以来，美国实行民主、共和两党轮替执政的政党政治。两党为谋求或巩固本党执政地位，维护和拓展美国国家利益及本党利益，既激烈争斗又适当合作，对美国对外战略、外交安全政策及决策机制等产生较大影响。

一、美国民主党信奉自由主义，共和党信奉保守主义，两党轮替执政，常因核心理念的差异而导致美国对外政策的侧重点、风格和对国际机制态度有所不同。

（一）两党对外战略和政策的侧重点不同

民主党对外政策较富理想主义色彩，常从意识形态和价值观角度诠释美国国家利益，把推进民主、维护人权、传播美国价值观作为其对外战略和政策的目标。① 威尔逊、罗斯福、杜鲁门（Harry S. Truman）、肯尼迪、约翰逊、卡特（Jimmy Carter）、克林顿等民主党政府时期的外交政策贯穿着理想主义传统，特别是卡特政府更是将推广人权作为美国对外战略的"灵魂和核心"，强调对前苏联、东欧及第三世界国家输出意识形态。为此，卡特政府对前苏联大力推行"缓和"政策，对前苏联东欧和第三世界国家大搞人权外交，重塑美国因越战而受损的国际形象。② 共和党对外政策往往强调安全利益和实力外交，重视加强美国军事力量，建立美国主导下的地区力量平衡，主要以国家利益而非意识形态为依据对外进行军事干预等。③ 艾森豪威尔（Dwight

---

① 禄德安：《试析美国政党政治的特点及其对美国外交的作用与影响》，《国际论坛》，2004年9月第6卷第5期，第25页。

② 罗会钧："论卡特政府对第三世界国家的人权外交"，《湖南师范大学社会科学学报》，2001年11月第30卷第6期，第46页。

③ *We Believe in America:Republican Platform* 2012, p.39, http://cdn.gop.com/docs/2012GOPPlatform.pdf

Eisenhower)、尼克松、里根、布什父子等共和党政府时期的外交都延续着实力、安全和利益的外交原则。特别是里根政府提出"扩军抗苏,重振国威"的口号,制订了一整套针对前苏联的"推回"(Rollback)战略,把加强美国经济、军事实力,遏制前苏联扩张,改变美国软弱形象作为对外战略核心,在各条战线上对前苏联发起"主动的进攻",遏制并推回前苏联在全球战略和区域争夺上咄咄逼人的态势。①

(二) 两党对外政策风格不同

民主党人受自由主义影响,对外政策相对灵活,强调综合运用各种手段,通过外交谈判及与他国合作应对外交危机。例如,克林顿政府重视扩展美国在全球的经济利益,对外奉行"接触"政策,不仅同美国的盟国以及中国、俄罗斯、印度、越南等国家接触,而且同"无赖国家"也接触,通过接触影响其政策。奥巴马政府奉行"巧实力"外交,积极展现谦和、合作姿态,对军事干预持慎重态度,主张建立"多伙伴世界"。前国务卿希拉里·克林顿曾表示,在当前这个错综复杂的世界里,"仅仅实力强大已经不够了","我们必须扩大我们的外交政策工具、整合每项资

---

① 陈东晓:《保守主义外交理念与里根政府的对外军事干预政策》,《美国研究》,2003年第2期,第38页。

源,团结每一个合作伙伴,还要从根本上改变我们的行为方式。"[1] 共和党人对外政策相对强硬,更倾向采取军事手段应对危机。小布什政府上台后,接受新保守主义思想,对外奉行"先发制人"的单边黩武政策,"9·11"事件后极力开展全球反恐战争应对恐怖主义威胁,先后发动了旷日持久的阿富汗战争和伊拉克战争,呈现出较强的对外军事干预倾向。

(三) 两党对国际组织和国际机制的态度不同

民主党秉持理想主义,主张充分运用国际法、国际规则,发挥国际组织、国际机构作用,建立美国主导的国际政治经济秩序。美国民主党2012年竞选纲领强调,"我们面临的最大危险——恐怖主义、核扩散、网络和生物攻击、气候变化、跨国犯罪——任何国家都无法单独解决,应对这些挑战需要广泛而有效的全球合作。民主党认为这需要与我们的传统盟国密切合作,与新的影响中心培育伙伴关系,并发挥美国在国际机制中强有力的领导作用"。[2] 第一次世界大战后,民主党总统威尔逊提出并推动建立国际联盟,强调以国际法和国际公约规范国家行为。二战后,小罗斯福总统倡导创建了联合国和布雷顿森林体系,确立了以国

---

[1] Hillary Clinton, "*The Art of Smart Power*", New Statesman, 18 July 2012, http://www.newstatesman.com/politics/2012/07/hillary-clinton-art-smart-power.

[2] *Moving America Forward:2012 Democratic National Platform*, http://www.presidency.ucsb.edu/ws/index.php?pid=101962.

际机制巩固美国霸权地位的战略。共和党笃信现实主义，强调"以实力求和平"，对国际组织和国际机制持怀疑态度，采取利则用之、不利则弃或改造之的实用主义态度。美国共和党 2012 年竞选纲领强调，"我们必须遵从里根总统通过实力求和平的遗产"，"只有我们拥有能够使用压倒性军事力量的能力，才能阻止敌人威胁我们的人民和国家利益"，"在通过联合国、北约等组织应对涉及国际和平与繁荣的问题时，美国必须总是要保持单独行动的权利"。[①] "尽管国际组织服务于和平事业，但共和党认为，它们永远不能替代美国的领导作用，更不能对美国发挥领导作用具有否决权"。[②] 小布什政府因俄罗斯、法国、中国等国强烈反对，便绕过联合国，以"志愿者联盟"形式发动了伊拉克战争。

二、美国政党体制松散，总统掌控国家大政方针，同时两党以国会为平台，并借助与利益集团、智库、媒体等的关系，对总统的对外政策施加影响。

（一）总统主导外交决策，往往导致"幕僚帮"作用巨大

美国政党体制下，两党主要作用在于协调辅助本党人士参与大选，对政府内外决策影响较小，形成总统主导内外政策的决策

---

① *We Believe in America：Republian Platform* 2012, p. 42, p. 45, http：//cdn. gop. com/docs/2012GOPPlatform. pdf。

② 2004 *Reppublican Party Platform：A Safer World and a More Hopeful America*, http：//patriotpost. us/documents/452.

体制。内阁官员多为政治性任命，往往对其所在部门的专业知识有限，或者根本就是外行，所获情报也受限，难以从整体上把握事情的全貌，并且行政部门大多行事循规蹈矩，动作迟缓。而总统的"幕僚帮"或决策小圈子人士大多理论功底扎实，又有丰富实践经验，能够接触的情报范围较广，他们或年轻气盛，或具有强烈的使命感，具有较强的创新意识，经常提出一些新设想、新计划。"幕僚帮"或决策小圈子这种不断创新、积极作为的特点正好契合总统争取连任和历史扬名的心理，因此，他们往往受到总统的欣赏、信任和依赖，在对外决策中常常能够发挥关键作用。[1] 小布什政府时期，以副总统切尼（Dick Cheney）、国防部长拉姆斯菲尔德（Donald Rumsfeld）、副防长沃尔福威茨（Paul Wolfowitz）等人为代表的新保守派，组成小布什对外决策核心圈子，他们虽不年轻，但具有强烈的新保守主义使命感，协助小布什总统制定并实施了一系列重大对外政策或行动。奥巴马则主要倚重由白宫办公厅主任麦克多诺（Denis McDonough）、总统国家安全事务助理赖斯、总统国家安全事务副助理罗兹（Ben Rhodes）等为代表的"芝加哥帮"和"竞选帮"制订和实施对外战略。

（二）国会在外交决策中的作用日益增强

美国外交决策大权主要在总统，同时国会也会利用拨款权、

---

[1] 袁瑞军：《美国总统幕僚与阁员的权力消长》，《美国研究》，1992年第3期，第107、111页。

调查监督权、条约批准权和人事批准权等积极干预对外决策。一般而言,在国家处于危机时刻,总统的外交权力会明显增强,在制定外交政策方面会拥有较大空间。而在和平时期,国会往往会竭力扮演对行政部门进行权力制衡和监督的角色,制约总统的外交权力。大致说来,在诸如国家安全等"高级政策"领域,总统的外交权力往往占据主导地位,而在诸如经济、人权、宗教、国际合作等"低级政策"领域,国会往往占据主导地位。① 近年来,随着美国内政与外交的联系愈发密切,两党议员越来越多地插手外交领域,对总统的外交决策主导权构成了越来越大的挑战。克林顿政府时期,国会曾否决总统签署的《京都议定书》、《国际海洋法公约》、《国际禁止地雷条约》等,使相关国际努力受挫,损害了美国的国际形象。2005 年 8 月,小布什总统利用国会休会之机,强行任命美国副国务卿、新保守派人物约翰·博尔顿(John Bolton)为美国常驻联合国代表,成为第一个未经参议院批准即上任的美国常驻联合国代表。由于博尔顿一贯蔑视联合国,他的任命遭到参议院民主党参议员的坚决反对。在看到其任命不可能获得参议院正式批准的情况下,博尔顿被迫于 2006 年末辞职。

---

① 陈积敏:《论美国总统与国会外交权力的博弈》,《江南社会学院学报》,2009 年 6 月第 2 期,第 25 页。

(三) 参与美国外交决策的角色日益多元

美国政府外交决策体系较为开放,客观上有利于政党通过利益集团、智库和媒体等渠道对外交决策施加影响。

一是两党与利益集团相互利用,渗透美国外交决策。美国两党在大选中为谋求胜选争相募捐和推销本党政策,利益集团通过提供竞选资金、对政府官员或议员进行游说、参加国会外交政策听证会、影响公众舆论、"旋转门"或发动选民支持等方式积极参与其中,影响新政府重要职务人选及对外政策走向。[①] 例如,美国劳联—产联一贯支持民主党,美国商会多支持共和党,但都关注人民币汇率问题,不断施加影响,促使美国两党政府一直就该问题向中国施压,对中美关系造成了干扰。

二是两党与智库相互配合,影响美国对外政策内涵。两党各有与其关系密切的智库,如民主党与美国进步中心和新美国安全中心(Center for a New American Security)、共和党与传统基金会和企业研究所(American Enterprise Institute for Public Policy Research)等关系密切。两党往往就外交问题委托智库进行针对性研究或征求其建议等,智库也主动向两党推销其政策主张,对美国外交决策施加影响。

三是两党与媒体互动密切,影响政府外交决策。两党各有与

---

① 李艳辉:《政党与利益集团对美国外交决策的影响》,《湘潭大学社会科学学报》,2003年第3期,第26页。

之关系密切的媒体，通过向媒体喂料或有意识地引导媒体，宣介自身政策。一些媒体也分别为两党摇旗呐喊，同时通过炒作某项议题或外交事件间接向政府施压。如越战期间，美国媒体曾对美军在越伤亡惨重和越民众所受战争创伤的真相大肆报道，推动美国民众掀起了大规模反战运动，成为促使尼克松政府加快结束越战的一个重要因素。

三、美国民主、共和两党囿于各自立场，常为维护本党利益和政策理念激烈争斗，有时又依据国际形势变化和策略需要适度合作，两党这种既斗争又合作的关系对美国外交产生波动性影响。

（一）两党立场一致或相近时，美国对外政策冒险性常显著增加

美国笃信"美国例外论"，心怀强烈的文化种族优越感，在"天赋使命感"驱使下，坚信美国有义务领导世界并"解放"落后的国家和民族。美国作家赫尔曼·梅尔维尔（Herman Melville）在其所著《白外套》（White Jacket）一书中就曾指出，"我们美国人是上帝独一无二的选民"，"上帝已经预定，人类也在期望我们的民族将做出伟大的事情"，我们"要拯救整个世

界"。① 20世纪初著名的共和党参议员艾伯特·J·贝弗里奇（Albert J. Beveridge）也曾表示，"上帝已经标明美利坚人民是他的选民来领导整个世界走向复兴"。② 在面临外部威胁或棘手难题时，如得到两党一致支持，美国政府对外政策的冒险性和进攻性常显著增加。比如，1950年北朝鲜对南朝鲜发动进攻，在两党多数议员的支持下，民主党杜鲁门政府从遏制前苏联和"共产主义扩张"的战略考虑出兵朝鲜，扩大了朝鲜战争的规模。1990年伊拉克侵占科威特引起国际社会强烈谴责，美国国会两党议员一致支持美国对伊拉克动武，共和党老布什政府挟持有利的国内外舆论，着眼于提升美国独霸冷战后世界的战略考虑，于1991年1月发动并打赢了针对伊拉克的海湾战争。"9·11"事件后，美国两党及国内民众一致支持小布什政府反恐，国会两院几乎以全票授权其使用必要手段打击恐怖主义。小布什政府借此发动了阿富汗战争，推翻了塔利班政权。

（二）两党对外政策存在较大分歧时，常掣肘美国外交决策或行动

一是反对党以国会为阵地与总统缠斗，常拉长美国外交决策过程。如克林顿政府曾极力推动国会批准《禁止化学武器公约》，

---

① Herman Melville, *White Jacket* (London: Oxford University Press, 1924), p. 142.
② Norman A. Graebner, ed., *Ideas and Diplomacy* (New York, 1964), p. 372.

却遭到众多共和党参议员的反对,经克林顿政府艰苦做工作,前后耗时 4 年多才在国会最终通过。二是两党围绕内政问题争斗,往往影响美国对外政策的实施。如 2013 年 10 月两党争斗导致政府关门 16 天,奥巴马被迫取消亚洲四国之行,未能出席巴厘岛亚太经合组织(APEC)峰会、美国—东盟峰会和在文莱举行的东亚峰会,一定程度上对美国在亚太地区的形象造成不利影响。三是两党斗争导致美国对对外政策的投入减少。1995 年两党围绕预算案争斗导致美国政府关门 21 天,最后妥协通过的预算案使美国 1996 财年对外援助总额较 1995 年减少了 22%。2011 年两党激烈博弈后通过了美国联邦政府预算自动减支计划,根据该计划,美国联邦政府 2012 财年至 2021 财年的 10 年内将减少 4870 亿美元国防开支,这必将削弱美国利用军事手段推进对外政策目标的能力。①

(三)国会两党议员与白宫政策相左时,常导致美国对外政策出现自相矛盾或反复

如美国与中国谈判建交时,卡特政府为联华抗苏接受了对台"撤军"、"断交"和"废约"条件,引起共和党和许多民主党议员的强烈反弹。美国国会以压倒性多数通过了《与台湾关系法》,严重违背了美国政府在《中美建交公报》中承诺的"一个中国"

---

① 知远:《2014 年财政年度美国国防预算的优先次序和选择》,搜狐军事,http://mil.sohu.com/20130913/n386535279.shtml

原则立场，使得美台之间保持了一种准官方关系，美国得以继续向台售武。1995年台湾当局领导人李登辉拟以"私人"身份窜访美国，克林顿政府事先向中方表示不打算向李登辉发放签证，但不久突然变卦，原因在于此前美国国会通过了允许李登辉访问美国的决议，对克林顿政府施加了强大压力。

四、政党政治影响美国外交的主要特点。

一是殊途同归。虽然美国民主、共和两党因核心理念和利益需要不同，对外政策的侧重点及风格等存在较大差异，但两党对外政策目标是一致的，即都把谋求和维护美国全球霸权地位、更好地捍卫和发展美国国家利益作为总目标。二是相互补台。两党轮替执政及相互争斗虽一定程度上损害美国对外政策的连续性，但总体上有利于美国对外政策自我纠偏，更好地维护和实现美国国家利益。三是正反配合。两党或府会围绕美国对外政策激烈争斗，虽在一定程度上掣肘美国对外决策效率，有时甚至导致美国对外政策自相矛盾，但同时也会产生"一个唱红脸、一个唱白脸"的配合效应，有助于实现美国利益最大化。

（狄会深）

纸牌屋[1]的秘密
——透视美国政治腐败

透明国际《2014年全球清廉指数排名》显示,美国在175个上榜国家中位居17,跻身"全球清廉国家"[2]。但事实上,美国并非远离腐败的伊甸园,自独立战争以来,腐败就如影随形,贯穿了合众国每一个发展阶段。其中尤以从农业国向工业国转型

---

[1] 美国奈飞(Netflix)公司自2013年来陆续推出的政治题材电视剧系列,英文原名 House of Cards,剧中多涉及美国上层权力运作及背后的各种利益纠葛黑幕等。

[2] Transparency International: *Corruption Perceptions Index* 2014,参见 http://issuu.com/transparencyinternational/docs/2014_cpibrochure_en?e=2496456/1037588

的"镀金时代"① 最为突出。经后转型时期大力整治,一般性贪腐得到有效控制,但也有不少腐败行为借制度外衣,由明转暗、变非法为合法,固化为美式民主制度的"阿喀琉斯之踵",至今困扰美国社会与政治生活。

一、"镀金时代"政治腐败的突出表现

"镀金时代"得名于马克·吐温揭露转型时期腐败乱象的同名小说。它跨越从南北战争到一战前后近半个世纪,是美国历史上大发展、大变动时期,也是政治腐败最严重时期:

(一)任人唯亲唯钱,裙带关系牵扯不清,徇私舞弊大行其道

该时期官员选任多以裙带关系甚至赤裸裸金钱交易为基础。一方面,"用亲护短"非常突出。作为突出典型,军人出身的格兰特(Ulysses Simpson Grant)总统大量提拔旧属同僚及妻弟等近亲为政府要员。当"嫡系"的哥伦比亚特区首席长官因诈骗丑闻被追责后,格兰特甚至动用特权,亲自为其开脱庇护。事情败露后,格兰特又为其在华盛顿特区另购高就②。另一方面,"卖官

---

① 出现于19世纪20世纪初,以工业成长和移民潮为主要特征,因美国著名作家马克·吐温同时期著名讽刺小说《镀金时代》而得名。
② 石庆环:《美国联邦政府治理腐败研究:从1883年〈彭德尔顿法〉的视角观察》,《求是学刊》2015年第3期,第176页。

鬻爵"蔚然成风。该时期明码标价兜售官职现象司空见惯,以纽约州为例:法官标价1.5万美元,国会议员为4000美元,市参议员为1500美元。① 在此背景下,官场各种"关系"盘根错节,不正之风肆意滋长,官员徇私舞弊层出不穷。

(二)官商相互勾连,公共建设贪腐严重,城市腐败臭名昭著

一是官员收受馈赠,在决策中为投机商开方便之门。格兰特本人就曾大量收受投机商豪宅和巨额现金等"礼物",并亲自致信赠与者,明确表示将"尽心竭力"为其服务。二是官员"出租"特权,为投机商铺路搭桥。格兰特的国防部长贝尔克纳普(W. W. Belknap)向投机商兜售印第安战争贸易特权,从中收受大量贿赂。哈定(Warren Gamaliel Harding)总统的内政部长福尔(Albert B. Fall)也非法寻租国有资源开采权,收受巨额好处。三是官员在公共建设和市政运作中勾结投机商,牟取暴利。19世纪60年代联合太平洋铁路和中太平洋铁路建设过程中,铁路公司买通国会为工程拨款9400万美元,但实际开支不过4400万美元,其余被公司高层和大小政客瓜分。此外,很多城市市政运作为官方背景的"城市老板"把控,仅纽约"坦慕尼协会"

---

① 郭河驹:《美国"镀金时代"腐败触目惊心》,《中国纪检监察》2015年第10期,第53页。

就从中非法牟利近 2 亿美元①。

（三）政党公然分赃，民众沉湎同流合污，社会整体道德沦丧

一方面，"政党分赃"大行其道。美国的"政党分赃"源于 19 世纪初亚当斯（John Adams）和杰斐逊（Thomas Jefferson）两位总统权力交接之际的人事博弈。到"镀金时代"，其已变成"政治捐赠"名义下的龌龊交易。仅林肯时期，1639 个总统直属官员中就有 1457 个是政党分肥的结果，② 即使在南北战事最激烈的时候，总统每天也得花大量时间应付那些腰揣捐款证明来伸手要官的金主。另一方面，"全民腐败"推波助澜。"镀金时代"盛行"一切皆有可能"的"美国梦"。"强盗变大亨"逻辑、拜金主义和利己主义思潮泛滥成灾，社会道德水平严重下降。民众价值观普遍扭曲、对腐败容忍度大幅提高，并纷纷投身腐败链条，欲分一杯羹而后快。19 世纪末"黑幕揭发运动"旗手斯蒂芬斯（Lincoln Steffens）曾无奈感叹："美国政坛的贪赃枉法风气，很大程度是民众咎由自取。"

---

① 金点强：《百年前"总统遇刺案"如何点燃美国反腐风暴？》，《环球时报》2012 年 12 月 7 日。
② 高波：《公职任免不凭能力凭"效忠"》，《中国纪检监察报》2012 年 9 月 10 日。

二、美国历史上治理腐败相关举措

面对乌烟瘴气的政坛,从 19 世纪下半叶开始,美国历届政府下大力气整治腐败:

(一)完善腐败治理机制,用制度的"笼子"遏制贪腐现象

一是引入"文官制度",规范公职人员选任,遏制政党分赃乱象。加菲尔德(James Abram Garfield)总统立志废除"政党分赃",并以殉职为代价催生了《彭德尔顿联邦文官法》,确立了以能力功绩而非献金作为文官选任和奖惩依据、不得因政党关系随意撤换文官等原则,重挫分赃交易者气焰,使"政党分赃"现象大为减少。二是出台配套法案,阻断政治行为利益勾连,规范官员道德行为。其一,颁布《竞选经费公开法》、《联邦反腐败行为法》、《禁止联邦文官参与政党活动法》等,从保持文官独立性和铲除直接钱权交易两个向度完善立法体系。其二,"引德入法",通过《利益冲突法》、《政府道德法》等,把公职人员道德准则上升为国家意志;并设立国会道德委员会、政府道德署等专门机构,完善"现代公共道德管理体系"。三是针对腐败低效的市政体制,尝试"委员会制"和"城市经理制"等新型管理模式,通过强化管理、公开市政运作,打击"城市腐败"。

（二）丰富腐败治理手段方式，借民众和舆论之手打击贪腐行为

一是借力社会进步运动，推动反腐工作不断深入。借助历史上人民党运动、进步主义运动、政府道德革新运动等的强大民意，适时出台和完善反腐立法，建立健全相关治理机制。二是引导媒体发展演化，通过舆论监督挤压腐败空间。19世纪末20世纪初，独立于政党之外的媒体大量涌现，并成为影响政治风向的重要力量。政府抓住这一变化，鼓励媒体揭腐反腐，引发轰轰烈烈的"耙粪运动"（muckraker），在美国反腐斗争史上写下了浓墨重彩的一笔。三是鼓励民间检举揭发，让腐败无所遁形。通过法律鼓励公司、企业或者个人直接举报腐败行为，并通过监察部门等专门开辟渠道，方便民众检举揭发，充分调动公民社会和广大民众，在全社会营造"零容忍"的"全民反腐"氛围。

（三）拓展腐败治理范畴，通过重塑社会价值破除贪腐温床

一是重拾传统价值美德。主张克勤克俭、诚实守信的清教徒精神向来是美国的立国之本。但转型时期机器大生产解构了传统价值体系，为腐败提供了滋长空间。19世纪末起，政府重拾清教传统，宣扬勤劳节俭、珍视信誉、维护正义以及勇于承担社会责任等理念，积极抵御享乐主义和极端自利主义基础上的腐败现象。二是加强全民道德教育。建立家庭、学校、社会三位一体教

育机制,将思想灌输与环境熏陶有机结合,尤其注重从儿童时代开始对社会成员进行是非义利观引导,使其成年后能主动把这种儿时经验转化成对腐败的"自然免疫",最终带动全社会自觉抵制腐败。

三、当前美国政坛的"制度化"腐败

长期整治使直接受贿等赤裸裸的腐败现象在美国得到较为有效控制,但腐败并未消失。有研究显示,美国政治腐败近期重现上行趋势,尤其是不少腐败行为借合法化外衣渗入现有制度,成美式民主的"死穴":

(一)游说腐败

源于1791年《宪法第一修正案》的游说制度,意在开拓一条帮助民众更好表达自身诉求的渠道。但经过金钱政治的侵蚀,如今已经蜕变成利益集团牟利工具和藏污纳垢的腐败源头:游说双方相互勾结,以不当手段谋求优势,并掩护金钱和美色进入政治过程,引发严重贪腐的现象屡见不鲜,其中尤以2006年曝光的"阿布拉莫夫（Jack Abramoff）腐败案"① 最为突出。在这场巨大权钱游戏中，包括多位国会议员和政府部长在内近300名官员不同程度收受"游说大鳄"阿布拉莫夫的好处，十余人因此锒铛入狱。

（二）"旋转门"腐败

为维持系统开放性，美国在高级政务官选任上采用"旋转门"机制。但在利益集团的渗透下，这种私人与公共部门之间的双向转换也已成为腐败"策源地"：石油巨头哈里伯顿公司高管切尼成为小布什政府副总统后，给了"老东家"大量合同；克林顿政府总经济顾问奥萨格（Peter R. Orszag）卸任后，即加入曾受其监管的花旗银行；2004年至2006年，近3000名前五角大楼官员以高管身份受聘于防务承包商。

（三）政治献金腐败

政治献金原本是多党选举衍生品，却也被利益集团改造成了操控白宫与国会的"秘密渠道"。因献金在一定程度上关乎选举成败，候选人为了胜选往往不惜背离原则，对金主"投桃报李"。

---

① 2006年3月，有"超级说客"之称的美国院外游说专家杰克·阿布拉莫夫因参与巨额诈骗，被迈阿密地方法院判处5年零10个月监禁。为换取减刑，阿布拉莫夫成为检方证人，配合调查收受贿赂的政府官员，由此牵连出一大批高官，成为美国近几十年来最大的"说客门"丑闻。

奥巴马将驻外使节美差大量分配给大选中为其捐赠或筹措巨资却没有外交经验的金主，一度引发广泛争议。2014年4月，联邦最高法院推翻政治竞选捐款总额上限，进一步助长了"金钱政治"的气焰。

（邹国煜）

西方精英眼中的美国政治制度"五大弊端"

美国政治制度自确立以来,美国国内及西方各国的精英群体就一直在关注和研究,主流观点是欣赏,并驳斥各种批评性意见。但国际金融危机爆发后,特别是中国经济的高速发展和中国制度的日益完善,引发了西方精英对美国政治制度弊端的深刻反思。

一、"金钱政治"维护富人利益

部分西方精英认为,金钱是美国政党政治的润滑剂,富人借助金钱实现了对美国政治的掌控,如通过政治献金影响选举结果,通过游说议员影响政策制定,通过干预政府部门影响政策执行。诺贝尔经济学奖得主斯蒂格利茨表示,真正的民主不仅是每隔两年或四年有一次投票选举的权利,民主选举必须要有意义,政客们必须倾听选民的意见,但在越来越多的情况下(尤其是在美国),政治体制似乎更趋向于"一美元一票"而不是"一人一票"。① 美国"民主智库"学者艾米·特布劳、希瑟·麦吉表示,美国的选举形式上是一人一票,但这无法掩盖话语权的不平等。美国富人和大企业控制着国家,利益集团往往占据更大的公共政策话语权,政治体系对穷人的诉求愈发冷漠。② 美国哥伦比亚大学教授杰弗里·萨克斯(Jeffrey Sachs)指出,美国的富人为政治体制买单,为选举投入数十亿美元的资金。可怜的美国人民以为选出了新的国会,从名义上说,美国选民的确投了票,但是从本质上看,他们从未真正选出属于自己的政府。③ 英国《金融时报》(Financial Times)评论员爱德华·卢斯(Edward Luce)表示,在美国,只要有钱,就可以做成任何事。公共政策可以"拍卖",价高者得之。西班牙《世界报》(El Mundo)刊文指出,

---

① Anya Schiffrin & Eamon Kircher - Allen, *From Cario to Wall Street:Voices from the Global Spring* (The News Press, May 2012).

② 转引自《美国贫富分化不断加剧》,《人民日报》,2014年10月27日。

③ 转引自《美学者斥责美国会选举是亿万富翁的游戏》,新华国际,2014年12月8日。

所谓的民主在美国并没有真正运转，两个党派的领袖只是在维护最富有人群的利益，甚至总统奥巴马也只是一边在口头上批评华尔街和经济决策机构，另一边却接受着大量的政治献金。

二、"否决政治"阻碍有效治理

部分西方精英认为，作为美国政治制度的核心，三权分立和两党制运行不畅，对抗成为政治常态，导致政府决策困难，施政受阻，国家长远发展受到影响。美国日裔知名学者弗朗西斯·福山表示，美国实行的是"否决政治"，当这种体制遇上被意识形态化了的两个政党，就会导致政治瘫痪。① 美国前参议院多数党领袖、民主党参议员哈里·里德（Harry Reid）公开质问：在美国，有谁认为这个机构（参议院）运作良好？他说，美国宪法赋予总统有权选择他的团队，赋予参议院有权附议或者同意总统的选择，可是共和党党团持续、前所未有的阻挠，把附议和同意变成了驳回和阻挠。② 美国知名专栏作家托马斯·弗里德曼（Thomas L. Friedman）表示，以前经历危机时，美国两党尚能克服分歧；但现在国会里民主党人和共和党人似乎不再来往，而两

---

① ［美］弗朗西斯·福山：《政治秩序与政治衰败：从工业革命到民主全球化》，法国法劳·斯特劳斯·吉罗出版社，2014年9月。
② 转引自《美国政治机器深陷内耗弊端》，人民网，2013年7月17日。

党议员越不来往,就越难进行政治合作。① 德国雷根斯堡大学教授斯特凡·比尔林(Stefan Birlin)指出,在白宫和参众两院由不同政党控制的"分治政府"时代,美国在很大程度上缺乏行动能力。英国牛津大学荣誉教授施泰因·林根(Stein Lingen)表示,三权分立旨在通过制衡实现最终目标,但是如今,权力相互制衡造成了决策僵局,美国没有得到它需要的良好治理。②

三、"短视政治"挟持国家利益

部分西方精英指出,选举是美国政党政治的灵魂,美国两大政党和由选举产生的政客都盯着选举,政策主张大多从选举出发,以赢得选民支持为导向。同时,美国社会政治碎片化日益明显,不同社会群体的政策博弈更加激烈,导致政党和政客的决策更加短视、失衡。世界银行前驻中国代表皮特·鲍特利(Pieter Bottlier)表示,选举民主最大的问题在于,投票的选民和当选的政客在所决定的问题上都表现出短视的缺陷。大多数选民希望政客们更关心与自己密切相关而不是看似遥远的问题,相应地,大

---

① 转引自《"重度分裂症困扰美国两党恶斗无视民众利益"》,《环球时报》,2012年10月29日。
② 施泰因·林根:《我们在走向民主的衰落吗?》,《华盛顿邮报》,2014年3月30日。

多数政客为了当选或实现连任，也倾向短视。① 耶鲁大学资深政治学者戴维·梅休指出，美国政治人物也是"理性选择"，国会议员的所有行为都着眼于竞选连任，而罔顾其他。瑞士学者迪特·汤美指出，在一人一票选举制度下，大家感觉每个人都应该像资本家一样：不受限制、获取自身利益最大化、以利润为导向。候选人为了得到支持，竞相讨好选民，许诺更多的福利。由于缺少开出"苦药"的勇气，执政者只好通过公共债务来维护福利机器的运转，债务风险不断加大，进而威胁到国家和社会的长远利益。② 美国前国家安全事务助理布热津斯基（Zbigniew Kazimierz Brzezinski）表示，如果美国国内政治持续滑坡，外交政策依旧短视，那么其衰落将不可避免。

四、"精英政治"阻碍社会上升通道

部分西方精英认为，美国无疑是精英治国的典范，精英政治体制的大门始终敞开，但是现在的精英缺乏责任、荣誉，更倾向于通过操纵国家来牟取私利。美国西北大学教授约瑟夫·爱泼斯坦（Joseph Epstein）表示，美国自以为实行的是精英政

---

① 赵忆宁：《探访美国政党政治——美国两党精英访谈》，中国人民大学出版社，2014年。

② 转引自《总要有人为"不停点菜"埋单》，《人民日报》，2014年6月24日。

治体制，通过这个制度，最高职位向最有才华的人开放，而无论其血统或社会背景如何。但是，精英领导层的优势真的有含金量吗？次贷危机和接连不断的对冲基金丑闻都是由那些贪婪的男男女女直接造成的，他们没有表现出丝毫的优良品质，也没有对选民和国家表现出一丁点的关心。① 美国学者詹姆斯·法罗斯指出，一个出身公立学校的穷小子要想跻身精英阶层，其概率就跟一个干粗活的伙计中彩票一样：奥巴马的确成了总统，每周也有人中彩票，但是这并不能否认精英治理和彩票仍旧是一种垄断的游戏。② 瑞士知名作家阿兰·德波顿（Alain de Botton）指出，精英政治还有着黑暗的故事，如果成功的精英后代延续成功，失败者的后代延续失败，那么下层社会的人不仅要为不能成功而遗憾，而且将获得新的打击，那就是焦虑。③ 美国全国广播公司和《国家》杂志社编辑克里斯托弗·海耶斯（Christopher Hayes）表示，美国精英阶层为了巩固自己的地位，会变得腐败，会创造一个极不平等的社会并进行操控，让后来的人无法爬上他们身后的梯子。④

---

① 约瑟夫·爱泼斯坦：《美国人对当代精英政治的反思》，《华尔街日报》中文版，2014年1月4日。
② Jiang xueqin, *What is Wrong with Meritocracy*, The Dilpomat.com, February 4, 2011.
③ 阿兰·德波顿：《身份的焦虑》，陈广兴、南治国译，上海译文出版社，2007年。
④ 克里斯托弗·海耶斯：《精英的黄昏：贤能政治之后的美国》，吴万伟译，兰登书屋皇冠出版社，2012年。

五、"两面政治"侵蚀民权

部分西方精英认为，尽管美国宪法对公民的基本权利作出了明确规定，但是在实践层面根本做不到，民权被侵蚀的问题日益突出，民众被压制感、被剥夺感增强。《华尔街日报》和美国全国广播公司2014年11月的民调显示，超过半数的美国人认为，"国家的经济政治体制对像我这样的人来说是不利的"。美国学者雷昂纳多·皮茨表示，美国的司法制度对穷人和少数民族过于苛刻，对富人则过于宽松。美国实际上存在两个司法体系，一些人可以受到粗暴和无礼的对待，而另一些人则因为"太重要而不能被拘捕"。美国黑人占全国人口的比例为10%至12%，但是在某些州的监狱里，黑人囚犯竟占到40%至50%，甚至60%。在法院宣判白人警察枪杀黑人少年无罪后，美国篮球明星巴恩斯（Harrison Barnes）在其社交网站上引用黑人社会学家弗雷德里克·道格拉斯（Frederick Douglass）的名言说，"无论在什么地方，如果正义被拒绝，贫困被固化，无知盛行，而且任何一个阶层都感觉社会是一个压迫、抢劫以及蔑视他们的阴谋集团，那么，无论是人，还是财产，都不会安全。"

（石晓虎）

对当今世界政党政治的几点看法

政党政治是当代世界政治文明的重要组成部分，一个国家采取什么样的政党体制为好，一切要以国情为转移。综观世界政党政治发展史，可以看出，各国政党政治的体制模式、理论与实践规则各不相同，也不可能相同。不论哪一个国家试图全盘照搬别国的政党体制模式，都不会取得好的效果；反之，不论哪一个国家试图让别国简单移植自己的政党体制，也行不通。

一、政党体制的形成是一个长期的自然历史过程，不同类型的政党体制，既受制于各国社会政治经济文化发展水平，也体现了人类社会政治文明发展模式的多样性。

现代政党政治发源于英美等西方发达国家，现已成为世界上绝大多数国家的政治运作方式。目前，除少数实行君主立宪制的酋长国等禁止政党存在外①，世界上有160多个国家存在着6200多个不同类型的政党②。这些历史背景不同、意识形态各异、价值取向多元的政党通过不同形式相互作用，掌控或参与一国政治，并在长期的实践中形成了丰富多彩的政党体制。现代政党政治如同一枚多棱晶体，人们在不同的角度可以感受到它不同的映像。

作为当今世界政党政治中具有典型意义的政党体制，无论是以英美为代表的两党制，还是以法国为代表的多党制，都经历了长期的孕育发展。英国是世界上最早产生政党的国家，早在1679

---

① 这些国家主要是实行君主制、酋长制或政教合一的国家。如沙特阿拉伯是一个政教合一的君主立宪制国家，法律明确规定禁止政党活动，此外阿联酋、科威特、卡塔尔、巴林、阿曼等一些信奉伊斯兰教的阿拉伯海湾国家，都没有政党存在。

② 这个数据是作者根据相关资料统计而得，截止到2011年初。事实上，世界政党的实际数量一直处在变化之中。

年就出现了两大政党——托利党（Tory）和辉格党（Whig），但两党制的真正形成却经历了漫长的过程：从1694年第一个政党内阁的出现，到1721年至1742年间议会制的形成，再到1868年大选中两党制的完全成熟，历经两个世纪。在美国政党发展史上，1792年被认为是具有标志性意义的年份，是年，在美国的第二届大选中，形成了"联邦党"和"民主共和党"两大全国性政党；1800年大选中，联邦党败北，民主共和党入主白宫，标志着两党制的初步形成，此后经历联邦党的消亡、民主共和党的分裂、共和党的诞生等曲折，直至1884年以总统大选为标志，稳定的两党制正式形成。法国早在1789年的大革命中就出现了维护旧秩序的贵族派和拥护新制度的爱国党，但政党体制的确立却是在第三共和国时期，这个时期政党林立，伴随着保王党衰落、共和党执政和工人政党诞生，逐步确立了延续至今的多党制。

从英国、美国、法国政党体制的形成来看，一种政党体制的产生和确立并非凭空制造出来，而是在本国的文化传统、政治土壤中，通过不同政治力量对比的此消彼长逐渐演进而成；是从本国的政治经济土壤中生长出来的，而不是人为创造出来的。英美之所以形成两党制，是因为它们在统一的资本主义经济基础之上，逐步形成了成熟稳定并与政权直接关联的两大政党。法国之所以形成多党制，是与法国的政治经济环境所决定：经济上，小农经济占优势，小资产阶级有如汪洋大海，经济上的分散导致政治力量的分散和分裂，使得法国政党林立；思想上，各种政治思潮如自由主义、工业主义、雅各宾主义、波拿巴主义、戴高乐主义和社会主义等此起彼伏；选举制度上采取了有利于小党的比例代表制等。由此可见，英、美、法的政党体制体现了各自的国情特点，同时也适应了其内部权力和利益再分配的需要。

二、发展中国家在政党体制上搞"进口替代"，简单移植别国的政党体制会造成水土不服，在多数情况下妨碍了经济发展和社会稳定。因此，发展中国家在通往现代化的道路上，一定要警觉"多党制幻觉"，避开"多党民主陷阱"。

二次大战后，一些相继获得独立的发展中国家效仿西方宗主国，实行了两党制或多党制。上个世纪90年代以来，原苏东国家在放弃共产党领导后也采用了多党体制，非洲国家还出现了多党制风潮。环顾世界，应该说，发展中国家实行两党制或多党制的国家很多，但就目前而言，真正取得成功的不多。为什么？这是由于西方国家的两党制或多党制普遍经历了一二百年的时间才发育完成，而一些发展中国家力图依靠政党体制的"进口替代"，或在自身的政治肌体上进行"假肢移植"，短期速成，必然会带来水土不服、排异反应等先天性缺陷，甚至有的国家只搬来了多党民主的外壳，未能学到民主政治的精髓——妥协与尊重选举结果，代之以街头政治或兵刃相见。

法国政治思想家托克维尔（Tocqueville）在谈到其他国家在

移植美国联邦制时认为,美国的联邦制、民主制度对美国来说是一件好东西,"好像能工巧匠创造的一件只能使发明人成名发财,而落到他人之手就变成一无用处的美丽艺术品",他说:"墨西哥人希望实行联邦制,于是把他们的邻居英裔美国人的联邦宪法作为蓝本,并几乎全部照抄过来。但是,他们只抄来了宪法的条文,而无法同时把给予宪法以生命的精神移植过来"。托克维尔还认为,在一个政党林立的社会中,大党在激荡社会,小党在骚扰社会;前者使社会分裂,小党使社会败坏。李光耀(Lee Kuan Yew)在回忆录中写道:我也亲眼看着80多个前殖民地,虽有英国法国亲自为它们制定宪法,实行了多党民主制,却多数以失败而告终。而在当代,像伊拉克这样的多党民主选举是由美英联军荷枪实弹强加进来的,那么这种民主造成的代价比它带来的好处要高得多。

西方政治学者在评价发展中国家的多党民主政治转型是否顺利时,提出"两度易位测试"标准,即在转轨阶段的首次选举中赢得大选的政党在下一次选举中失利,把政权让渡给选举中的赢家,而后者又能和平地把权力让渡给下一次选举的胜利者。但这只是从多党民主政治稳定性的角度看,另一方面,看一个政党体制是否成功有效,最终要体现在能否促进国家的稳定发展和现代化进程上。对发展中国家来说,其首要任务是发展经济、扶助民生,而这首先需要的是稳定的政治环境和良好的社会秩序。马丁·雅克(Martin Jacques)认为,"如果认为我们这个时代的主旋律就是事事围着民主转,那这样的观点也只不过是将西方狭隘的心态暴露无遗",他还认为,从现代化进程的历史经验看,"几乎没有哪个国家的民主进程与经济腾飞是同步进行的"。

美洲开发银行把政治体制与人口、地理共同列为影响发展的三大非经济因素,认为政党之间永无休止的争斗只会中断经济发展进程。因此,对发展中国家来说,重要是要确保政党政治不成为经济发展的绊脚石。李光耀在分析印度、泰国的多党体制时认为,印度政治有足够的灵活性来满足说300种不同语言、来自多元种族的国民。但是,当政党政治玩得过火时,负面的影响就出现了。例如当某个政党一上台,一些反对党就会迫不及待,不管三七二十一要把它拉下台。如印度2004年第十四届大选时,全国政党总数达750个,创下历史新高。这样庞大的政党群体,记住党名就很不容易,遑论各政党的价值取向了。泰国1932年就完成了资产阶级革命,确立了名义上的民主政治和宪政制度。近80年后的今天,泰国的政党政治仍未成熟,始终处在多党林立、小党众多的状态。据泰国内政部统计,从1932年到1996年,泰国正式申报组建的政党有155个,其中多数政党是为选举匆匆而建,也因选举落幕烟消云散。长期存在的多党联合政府出于平衡各党派利益需要,难以推行长期的发展规划和政策,政策朝令夕改,不但阻碍经济成长,造成失业率上升,还导致政局不稳定,从1932年到1992年发生大小政变19次,民选政府常被非民主的军事政变赶下台,从中折射出民主制度的脆弱和宪政意识的淡薄。

三、在多党制与民主政治之间不能简单划等号。那种认为只要实现了多党制,一切发展中的问题就会迎刃而解的主张是不足取的。

在当今国际社会话语权被西方主流媒体垄断的情况下,有人认为,评价一个国家形象好坏的标准之一,就是看这个国家是否有民主制度;而民主与否的标准,就是看这个国家是否实行了一人一票的普选权和多党选举制。其实,民主与普选制、多党制虽有较大的关联,但决非完全等同。一方面,从历史上看,多党制与民主政治及普选制的实现并非完全同步,存在一个时间差。如英国两党制形成于19世纪60年代,但直到19世纪80年代,绝大多数男性才获得选举权,到1918年,英国30岁以上的女性才获得选举权。美国19世纪80年代确立了两党制,但白人女性直到1920年才赢得选举权,黑人直到1965年才获得选举权;另一方面,两党制或多党制不是在任何时空背景下都是民主政治的体现。

正如亨廷顿(Samuel Huntington)所认为的那样,一些发展中国家通过搬用多党制来体现民主,但实际上这些政党并不是民主政治的象征,而是成为政客们个人政治野心的战车,如果某一政客在原来的政党中无所施其计就会组建新党,然后再去招兵买马,正是这种"低水平的政党制度导致政治紊乱和暴力"。基于这样的情况,亨廷顿认为,对于政治发展来说,重要的不是政党的数量而是政党制度的力量和适应性,"政治稳定的先决条件在于有一个能够同化现代化过程所产生出来的新兴社会势力的政党制度"。

一些人先把复杂多样的政治形态简化为多(两)党制与一党制的差别,继而简化为民主与专制的对立,把多(两)党制与民主政治简单等同起来,这实在是一种民主教条主义。应当看到,在通向现代化的历史进程中,政治民主是必不可少的自然历史过程,但它不是在实验室封闭环境中完成的科学实验,而是涉及到民族前途和亿万人命运的社会实践,是一项复杂的系统工程,不存在可以简单复制的模板。作为一种政党体制,本身无所谓优劣。我们不是笼统地、一般地去反对多党制本身;我们所反对的,只是那种不问青红皂白,不顾时空条件,把国外政党体制简单搬用到当代中国的主张。应当看到,一些发展中国家移植西方发达国家政治体制所付出的代价,当代中国也是无力支付的!

四、应抛开西方政党政治学的有色眼镜和思维定式,把中国的政党制度放到多维视野下去考察,才能得出符合实际的结论,增强中国特色社会主义的制度自信。

(一) 历史性维度

在当今世界政党政治谱系中,无论是以英美为代表的两党制,还是以法国为代表的多党制,都经历了长期的孕育发展。从英、美、法政党制度的形成来看,政党的产生和政党制度的确立是在本国政治经济文化土壤中,通过不同政治力量的此消彼长逐渐演进而成。

中国共产党领导的多党合作与政治协商制度也是在历史发展的进程中逐步形成的。近代中国曾有过模仿西方议会制、内阁制、多党制的试验,但如同毛泽东所说:"中国人向西方学得很不少,但是行不通,理想总是不能实现。"戊戌维新中一些思想家主张实行"君民共主"的君主立宪政治。民国初年,政党林立,结果是"党见分歧,心意各别,欲图和衷共济,更所难得"。袁世凯称帝后,多数政党烟消云散,议会制、多党制的尝试宣告失败。1927年南京国民政府实行一党训政制度。抗战胜利后,中国共产党和各民主党派一致呼吁结束一党训政、成立民主联合政府，但国民党为继续一党专政不惜发动内战，并宣布民主党派为非法组织。在这样的历史背景下，中国共产党在与民主党派协商建国、民主建政的过程中，最终形成了中国共产党领导的多党合作与政治协商制度。这是百年来中国政治发展的自然历史结果。

（二）内生性维度

西方国家政党制度普遍经历了一二百年的本土发育才完成，稳定而成熟的政党制度具有内生性，需要一定的阳光、土壤和水分的养护。

从内生性维度看，中国共产党领导的多党合作与政治协商制度一方面扎根于当代中国的政治经济发展基础上。1949年新中国成立时，新生人民政权的基础是工人、农民。改革开放以来，中国共产党作为一个"善于学习、调整和吸纳的执政党，力求包容中国不同社会阶层和社会群体的利益"，中国共产党领导的多党合作包括八个民主党派，政治协商的界别数量达34个，基本涵盖了中国社会各阶层，显示了中国政党制度的张力和弹性。另一方面，它也离不开中华优秀传统文化的滋养。不少西方学者认为，中国数千年形成的选贤任能的政治传统、治国安邦的历史使命、民为邦本的治国理念、兼收并蓄的包容文化等政治理念和历史传承，要比多党竞争、议会政治更适合中国国情。英国历史学家汤因比（Arnold Joseph Toynbee）认为："就中国人来说，几千年来，比世界任何民族都成功地把几亿民众，从政治、文化上团结起来，他们显示出这种在政治、文化上统一的本领，具有无与伦比的成功经验。"

（三）多样性维度

目前，世界政党体制并非定于一尊，而是具有多样化的特质，既有非竞争性的一党制，也有竞争性的两（多）党制，这正是人类政治文明多样性的体现。

中国共产党领导的多党合作与政治协商制度既不是一党制，而是立足于共同政治经济基础上的共产党领导、多党合作；也不是多党制，而是共产党执政、多党参政。在政治关系上，各民主党派接受中国共产党领导，两者是合作关系；在政权关系上，共产党执政，民主党参政，两者是执政党与参政党的关系，而不是竞争性的轮流执政关系。这种独具中国特色的政党制度融合了不同政党制度的稳定性、监督性等优点，又体现了自身的主导性、包容性特点，已经内化为中国体制的力量，在推动中国政治发展、经济增长和社会安定方面发挥积极作用。新加坡《联合早报》评论认为，"如果将中国的政治制度放到全球视野下就会发现，中国真正与众不同的特色是一个政党有效的领导"。中国共产党领导的多党合作与政治协商制度与国外的一党制、两党制、多党制一样，都是人类社会政治文明一种体现。对此，我们有理由自信，不应妄自菲薄。当然，也要清醒认识到，我国的政党制度需要借鉴国际经验，在制度化、法治化方面进一步自我完善，在这方面东施效颦是可笑的，固步自封也是愚昧的。

(四) 合法性维度

在一些西方人眼中，执政党的合法性要通过竞争性选举来获得，民主政治要通过一人一票来体现。其实，一个政党制度是否有效，最终要体现在能否促进国家稳定发展。

与国外政党仅仅通过事前程序性选举来说明其合法性不同的是，中国共产党的合法性和中国政党制度的有效性还通过执政结果来证明。中国共产党领导着一个13亿人口的大国，经过三十多年改革开放，中国日益欣欣向荣、充满生机，人民生活不断改善，在发展中国家奔向现代化的长征中脱颖而出。国外学者认为这应当归功于中国的"有力政党、有为政府、有效市场和有益文化"。

国外的现代化经验表明：一个国家的现代化能否顺利推进，最后都要追踪到政治原因。没有一个稳定而高效的政治体制，就没有社会经济文化的高速增长和协调发展，即使有一时的高速发展，也不能持久。现代化进程一般需要两个"发动机"推进：一个是经济增长的发动机，其原动力是市场扩张带来的活力；一个是收益分配的发动机，其原动力是政府调控带来的稳定。两个发动机的有效运转及相互关系的协调有赖于健全的政治系统，政党制度作为这个政治系统的核心部件，显得尤为重要。在激烈的国际竞争中,能够把国内各种力量有序"组织起来",而不是无序"竞争起来",正是中国政党制度的比较优势。因此,在中国的政治发展进程中,我们有理由自信,有必要从容。正如习近平总书记所指出的那样:"我们走自己的路,具有无比广阔的舞台,具有无比深厚的历史底蕴,具有无比强大的前进定力。"中国人民一定能够在坚持和完善中国共产党领导的多党合作与政治协商制度的过程中,闯出一条具有中国特色的政治文明发展之路,为人类政治文明的发展作出独特贡献!

(周余云)

后 记

《美国政党政治透视》一书即将付梓，感触良多，择其一二记之，是为跋。

研究美国是个大课题，我国内学者代有人出。李道揆先生的《美国政府和美国政治》、资中筠先生的《冷眼向洋》、王缉思先生的《高处不胜寒》、楚树龙先生的《美国政府和政治》，都是其中的扛鼎之作。作为从事对美工作、研究美国问题的后生晚辈，每每读到这些经典著作，总如耳提面命、春温秋肃，引发新的思考、启示，也增添了进一步了解美国、研究美国的动力。

研究美国政党是个冷门，但中共中央对外联络部（以下简称中联部）责无旁贷，也具有得天独厚的优势。多年来，中联部多次派人赴美观摩美国民主党、共和党全国代表大会，对美国政党运作有不少第一手的资料。2010年，中国共产党与美国民主、共和两党领导人举行首届中美政党高层对话，至今已八届，美国政要、议员、两党全国委员会领导人、地方官员、智库学者等出席，双方对话、交流频繁，经常打交道。本书的主编、作者，有的长期从事对美政党交往工作，有的曾赴美国留学，有的曾在中国驻美国大使馆工作，对美国政治、经济、社会尤其是政党政治有相当的了解。把我们的所见、所闻、所思、所想系统整理出来，既给读者了解美国政治增添新的视角，也为美国研究略尽绵薄之力。

在本书写作过程中，我们有幸得到了有关方面的大力支持和帮助。在此，特别要感谢中联部领导对美国政党研究的重视和悉心指导。郭业洲副部长对研究的方向、重点、成果多次提出指导性意见。徐绿平副部长拨冗审阅了主要文稿，并提出了许多重要修改意见。多年来，中联部多位部领导都曾对美国政党调研作出重要指示，在此我们无法一一列出他们的名字，谨在心中致以深深的谢意。

一年来，马辉局长、周余云副主任多次参加文稿研讨，字斟句酌，务求准确、平实、具有可读性。我本人负责研究思路、框架、篇目的确定和具体文稿的审改，并和张晓明同志对全书进行了统稿和修改，吴航同志参与了前期组织协调工作。

在此，还要特别感谢当代世界出版社的高铁英社长，没有他的关心、鼓励和帮助,本书很难在这么短的时间内与读者见面。当代世界出版社的编辑孙真也为此付出了辛勤的劳动,谨在此一并致谢。

由于本人和各位作者水平能力有限,书中错误、纰漏在所难免,敬请各位读者批评、指正。

周荣国
2016年1月于北京复兴路